Italian Short Stories for Beginners 5 in 1

Over 500 Dialogues and Daily Used Phrases to Learn Italian in Your Car. Have Fun & Grow Your Vocabulary, with Crazy Effective Language Learning Lessons

www.LearnLikeNatives.com

© **Copyright 2021**

By Learn Like A Native

ALL RIGHTS RESERVED

No part of this book may be reproduced, stored in a retrieval system, or transmitted in any form or by any means, without the prior written permission of the publisher.

TABLE OF CONTENT

INTRODUCTION	7
CHAPTER 1 The Mysterious Package / Greetings	16
Translation of the Story	24
CHAPTER 2 Mardi Gras	
/ Colors + Days of the Week	29
Translation of the Story	36
CHAPTER 3 Weird Weather / Weather	40
Translation of the Story	47
CHAPTER 4 John's Homework	
/ School + Classroom	52
Translation of the Story	59
CHAPTER 5 Thrift Store Bargain	
/ house and furniture	63
Translation of the Story	70
CHAPTER 6 The Goat	
/ common present tense verbs	74
Translation of the Story	82
CHAPTER 7 The Car / emotions	88
Translation of the Story	97

CHAPTER 8 Going to A Meeting / telling time · 103

Translation of the Story · 112

CHAPTER 9 Lunch with The Queen
/ to be, to have + food · 118

Translation of the Story · 127

CHAPTER 10 The Driver's License
/ question words · 134

Translation of the Story · 143

CHAPTER 11 At the Travel Agency
/ likes and dislikes · 149

Translation of the Story · 158

CHAPTER 12 Valentine's Day in Paris
/ prepositions · 164

Translation of the Story · 173

CHAPTER 13 New Roommates
/ Common everyday objects + possession · 180

Translation of the Story · 189

CHAPTER 14 A Day in the Life / transition words · 195

Translation of the Story · 204

CHAPTER 15 The Camino Inspiration
/ Numbers + Family · 209

Translation of the Story	217
CONCLUSION	221
About the Author	225

INTRODUCTION

Before we dive into some Italian, I want to congratulate you, whether you're just beginning, continuing, or resuming your language learning journey. Here at Learn Like a Native, we understand the determination it takes to pick up a new language and after reading this book, you'll be another step closer to achieving your language goals.

As a thank you for learning with us, we are giving you free access to our 'Speak Like a Native' eBook. It's packed full of practical advice and insider tips on how to make language learning quick, easy, and most importantly, enjoyable. Head over to LearnLikeNatives.com to access your free guide and peruse our huge selection of language learning resources.

Learning a new language is a bit like cooking—you need several different ingredients and the right technique, but the end result is sure to be delicious. We created this book of short stories for learning Italian because language is alive. Language is about the senses—hearing, tasting the words on your tongue, and touching another culture up close. Learning a language in a classroom is a fine place to start, but it's not a complete introduction to a language.

In this book, you'll find a language come to life. These short stories are miniature immersions into the Italian language, at a level that is perfect for beginners. This book is not a lecture on grammar. It's not an endless vocabulary list. This book is the closest you can come to a language immersion without leaving the country. In the stories within, you will see people speaking to each other, going through daily life situations, and using the most common, helpful words and phrases in language. You are holding the key to bringing your Italian studies to life.

Made for Beginners

We made this book with beginners in mind. You'll find that the language is simple, but not boring. Most of the book is in the present tense, so you will be able to focus on dialogues, root verbs, and understand and find patterns in subject-verb agreement.

This is not "just" a translated book. While reading novels and short stories translated into Italian is a wonderful thing, beginners (and even novices) often run into difficulty. Literary licenses and complex sentence structure can make reading in your second language truly difficult—not to mention BORING. That's why Italian Short Stories for Beginners is the perfect book to pick up. The stories are simple, but not infantile. They were not written for children, but the language is simple so that beginners can pick it up.

The Benefits of Learning a Second Language

If you have picked up this book, it's likely that you are already aware of the many benefits of learning a second language. Besides just being fun, knowing more than one language opens up a whole new world to you. You will be able to communicate with a much larger chunk of the world. Opportunities in the workforce will open up, and maybe even your day-to-day work will be improved.

Improved communication can also help you expand your business. And from a neurological perspective, learning a second language is like taking your daily vitamins and eating well, for your brain!

How To Use The Book

The chapters of this book all follow the same structure:

- A short story with several dialogs
- A summary in Italian
- A list of important words and phrases and their English translation
- Questions to test your understanding
- Answers to check if you were right
- The English translation of the story to clear every doubt

You may use this book however is comfortable for you, but we have a few recommendations for getting the most out of the experience. Try these tips and if they work for you, you can use them on every chapter throughout the book.

1) Start by reading the story all the way through. Don't stop or get hung up on any particular words or phrases. See how much of the plot you can understand in this way. We think you'll get a lot more of it than you may expect, but it is completely normal not to understand everything

in the story. You are learning a new language, and that takes time.

2) Read the summary in Italian. See if it matches what you have understood of the plot.

3) Read the story through again, slower this time. See if you can pick up the meaning of any words or phrases you don't understand by using context clues and the information from the summary.

4) Test yourself! Try to answer the five comprehension questions that come at the end of each story. Write your answers down, and then check them against the answer key. How did you do? If you didn't get them all, no worries!

5) Look over the vocabulary list that accompanies the chapter. Are any of these the words you did not understand? Did you already know the meaning of some of them from your reading?

6) Now go through the story once more. Pay attention this time to the words and phrases you haven't understand. If you'd like, take the time to look them up to expand your meaning of the story. Every time you read over the story, you'll understand more and more.
7) Move on to the next chapter when you are ready.

Read and Listen
The audio version is the best way to experience this book, as you will hear a native Italian speaker tell you each

story. You will become accustomed to their accent as you listen along, a huge plus for when you want to apply your new language skills in the real world.

If this has ignited your language learning passion and you are keen to find out what other resources are available, go to LearnLikeNatives.com, where you can access our vast range of free learning materials. Don't know where to begin? An excellent place to start is our 'Speak Like a Native' free eBook, full of practical advice and insider tips on how to make language learning quick, easy, and most importantly, enjoyable.

And remember, small steps add up to great advancements! No moment is better to begin learning than the present.

FREE BOOK!

Get the *FREE BOOK* that reveals the secrets path to learn any language fast, and without leaving your country.

Discover:

- The **language 5 golden rules** to master languages at will

- Proven **mind training techniques** to revolutionize your learning

- A complete step-by-step guide to **conquering any language**

Italian Short Stories for Beginners Book 1

Over 100 Dialogues and Daily Used Phrases to Learn Italian in Your Car. Have Fun & Grow Your Vocabulary, with Crazy Effective Language Learning Lessons

www.LearnLikeNatives.com

CHAPTER 1
The Mysterious Package / Greetings

STORIA

Suona il campanello della porta.

Andrea corre alla porta dell'appartamento. Il campanello non suona mai il sabato mattina. Andrea è curioso di vedere chi è alla porta. Apre la porta.

"**Buongiorno**, ragazzino", dice un fattorino. L'uomo indossa un'uniforme marrone e ha con sé una scatola marrone.

"**Salve**, signore", dice Andrea.

"Ho un **pacco**," dice il fattorino. "Indirizzato a Via Roma, 10."

"Questa è Via Roma 10", dice Andrea.

"Sul pacco non c'è un nome," dice il fattorino. "Inoltre non ha il numero dell'appartamento."

"Che strano!" dice Andrea.

"Puoi darlo tu alla persona giusta?" chiede l'uomo.

"Posso provarci", dice Andrea. Ha solo dieci anni, ma si sente importante.

"**Grazie mille**", dice il fattorino. E se ne va. Andrea porta la scatola a casa sua. Fissa la scatola. Ha la dimensione di una scatola di scarpe. Non ha nome all'esterno, solo Via Roma, 10.

Andrea apre la scatola di cartone. Deve sapere cosa c'è dentro per trovare il proprietario. C'è una piccola scatola di legno all'interno della scatola di cartone. Andrea apre la scatola di legno. All'interno della scatola ci sono 10 paia di **occhiali** diversi. Sono di colori diversi: rosa e rosso, pois verdi, neri e bianchi. Hanno anche forme diverse: rotonde, quadrate e rettangolari.

Chiude la scatola e si mette le scarpe.

"**Ciao** mamma! Torno subito", grida.

Andrea bussa alla porta di fronte al corridoio dalla sua casa. La porta si apre. Una signora molto anziana sorride ad Andrea e alla scatola.

"**Buongiorno**, Signora Bianchi!" dice Andrea.

"**Come stai**?" chiede l'**anziana signora**.

"**Bene, grazie! E lei**?" dice Andrea.

"Che cos'hai in mano?" chiede la l'anziana signora.

"**Signora**, questo è un pacchetto. Appartiene a qualcuno in questo edificio, ma non so a chi", dice Andrea.
"Non è per me", dice la l'anziana signora. "Ne sono sicura!"

"Ah, ok" dice Andrea, deluso. L'anziana signora porta gli occhiali. Pensa che questi occhiali starebbero bene su di lei. Si gira per andarsene.

"Torna più tardi," dice l'anziana signora. "Sto facendo dei biscotti e alcuni sono per te e la tua famiglia."

Andrea sale le scale. Il suo edificio ha tre piani. È amico di quasi tutti nell'edificio. Tuttavia, l'appartamento al secondo piano c'è una nuova famiglia. Andrea non li conosce. Si sente timido, ma suona il campanello. Un uomo dai capelli castani apre la porta. Sorride.

"**Ciao!**" Esclama l'uomo.

"Ciao", risponde Andrea. "Vivo di sotto. **Mi chiamo Andrea.**"

"**È un piacere conoscerti**, Andrea," dice l'uomo. "Siamo nuovi nell'edificio. Sono il Sigonor Jones."

"**Anche per me è un piacere conoscerti**", dice Andrea. "Questo pacchetto appartiene a qualcuno di questo edificio. È il tuo pacchetto?"

"Impossibile!" dice l'uomo. "Io e la mia famiglia ci siamo appena trasferiti qui. Nessuno conosce il nostro indirizzo."

"Ok," dice Andrea. "Piacere di averti conosciuto allora." La porta si chiude. Un altro no. Ci sono solo due appartamenti rimasti da provare. Nel prossimo appartamento c'è una famiglia. La figlia va alla stessa scuola di Andrea. Lei è un anno più grande di Andrea. Il suo nome è Diana. Andrea pensa che sia molto bella. Si sente di nuovo in **imbarazzo**, ma bussa alla porta.

Una bella bambina bionda apre la porta.

"**Ehilà**, Diana," sorride Andrea.

"**Come va**?" dice Diana. Il suo pigiama è rosa brillante e i suoi capelli sono disordinati.
"Bene grazie. E tu?" chiede Andrea.

"**Tutto bene**." dice Diana. "Stavo dormendo. Mi hai svegliato."

"Mi dispiace," dice velocemente. Il suo viso arrossisce. Si sente in soggezione. "Ho un pacchetto. Ma non so a chi appartiene."

"Cosa c'è dentro?" chiede Diana.

"Alcuni occhiali. Sono occhiali da lettura", dice Andrea.

"Non porto gli occhiali. Mia madre non li usa. La scatola non è per noi", dice Diana.

"Va bene", dice Andrea. Saluta e sale le scale. C'è un altro appartamento, l'appartamento al terzo piano. Il Signor Brambilla vive in questo appartamento, da solo. Ha un grande pappagallo che sa parlare. Ha anche quattro gatti e un cane. Il suo appartamento è vecchio e buio. Andrea ha paura del Signor Brambilla. Suona il campanello. Deve scoprire a chi appartiene la scatola.

"Ciao", dice il Signor Brambilla. Il suo cane arriva alla porta. Il cane aiuta il Signor Brambilla perché è cieco.

"Salve, Signor Brambilla. Sono Andrea," esclama Andrea. Il Signor Brambilla ha gli occhi chiusi. Sorride.

"Cosa c'è, Andrea?" Chiede. Hmmm, Andrea pensa, forse il Signor Brambilla non fa così paura. Forse il Signor Brambilla è solo un anziano signore che vive da solo.
"Ho un pacco e penso che sia per lei", dice Andrea.

"Ah sì! I miei occhiali da lettura. Finalmente!" sorride Il Signor Brambilla. E allunga le mani. Andrea è confuso e Guarda il cane. Sembra anche sorridere. Dà la scatola al Signor Brambilla.

"**Grazie, sei stato molto gentile**", dice il Signor Brambilla.

"**Si figuri**", dice Andrea. Forse visiterà il Signor Brambilla un altro giorno. Si gira e torna a casa.

RIASSUNTO
Un ragazzo, Andrea, ottiene un pacchetto non destinato a lui. Si tratta di una scatola di occhiali. La porta ai vicini, uno per uno, per scoprire a chi appartiene il pacco. Scopre che il pacco appartiene al suo vicino il Signor Brambilla, il che è un po' sorprendente.

LISTA DI VOCABOLI

Buongiorno	Good morning
Salve	Hello
Grazie mille	Thank you very much
Ciao	Hi
Occhiali	Glasses
Come stai?	How are you?
Bene, grazie! E tu?	Fine, thanks! And you?
Signora	Lady
Signore	Sir
Ehilà	Hello there
È un piacere conoscerti	Nice to meet you
Anche per me è un piacere conoscerti	It's nice to meet you too
Come va?	What's up?
Tutto bene	All is well
Imbarazzo	Embarrassment
Grazie, sei stato molto gentile	Thank you, you were very kind
Si figuri	My pleausere
Mi chiamo Andrea	My name is Andrea
Pacco	Package
Anziana signora	Old lady

DOMANDE

1. Chi c'è alla porta d'ingresso quando Andrea la apre?
    a) un fattorino
    b) un gatto
    c) una persona incaricata del censimento
    d) suo padre

2. Come descriveresti la Signora Bianchi?
    a) una bella ragazza
    b) una persona cattiva
    c) un vicino cattivo
    d) un'anziana signora e gentile

3. Chi vive al secondo piano del condominio?
    a) nessuno
    b) una ragazza della scuola di Andrea
    c) una nuova famiglia
    d) Andrea

4. Cosa pensa Andrea di Diana?
    a) gli piace e pensa che sia carina
    b) la segue sui social media
    c) non gli piace
    d) non si conoscono

5. A chi appartengono gli occhiali?
    a) alla vecchia signora
    b) al Signore che ci vede poco
    c) Ad Andrea e la sua famiglia
    d) A nessuno

RISPOSTE

1. Chi c'è alla porta d'ingresso quando Andrea la apre?
    a) un fattorino

2. Come descriveresti la Signora Bianchi?
    d) un'anziana signora e gentile

3. Chi vive al secondo piano del condominio?
    c) una nuova famiglia

4. Cosa pensa Andrea di Diana?
    a) gli piace e pensa che sia carina

5. A chi appartengono gli occhiali?
    b) al Signore che ci vede poco

Translation of the Story
The Mysterious Package

The doorbell rings.

Andrew runs to the door of the apartment. The doorbell never rings on Saturday mornings. Andrew is excited to see who is at the door. He opens the door.

"**Good morning**, little boy," says a delivery man. The man is dressed in a brown uniform and is carrying a brown box.

"**Hello, sir**," says Andrew.

"I have a package," the delivery man says. "It says 10 Main Street."
"This is 10 Main Street," says Andrew.

"The package has no name," says the delivery man. "It also has no apartment number."

"How strange!" says Andrew.

"Can you give it to the right person?" the man asks.

"I can try," says Andrew. He is only ten years old, but he feels important.

"**Thank you very much**," says the delivery man. He leaves. Andrew takes the box into his house. He stares at the box. It is about the size of a shoe box. It has no name on the outside, just 10 Main Street.

Andrew opens the cardboard box. He needs to know what is inside to find the owner. There is a small wood box inside the cardboard box. Andrew opens the wooden box. Inside the box are 10 different pairs of eyeglasses. They are different colors: pink and red, green polka dots, black and white. They are also different shapes: round, square and rectangle.

He closes the box and puts on his shoes.

"**Bye** mom! I'll be right back," he shouts.

Andrew knocks on the door across the hall from his house. It opens. A very old lady smiles at Andrew and the box.

"**Morning**, Mrs. Smith!" says Andrew.

"**How are you?**" asks the old lady.

"**Fine, thanks! And you?**" says Andrew.

"What do you have?" asks the old lady.

"**Ma'am,** this is a package. It belongs to someone in this building but I don't know who," says Andrew.

"It's not for me," says the old lady. "Impossible!"

"Oh, ok" says Andrew, disappointed. The old lady wears glasses. He thinks these glasses would look nice on her. He turns to leave.

"Come back later," calls the old lady. "I'm making cookies and some cookies are for you and your family."

Andrew goes up the stairs. His building has three floors. He is friends with almost everyone in the building. However, the apartment on the second floor has a new family. Andrew doesn't know them. He feels shy, but he rings the bell. A brown-haired man opens the door. He smiles.

"**Hi!**" says the man.

"Hello," says Andrew. "I live downstairs. **My name is** Andrew."

"**It's nice to meet you,** Andrew," the man says. "We are new to the building. I'm Mr. Jones."

"**Nice to meet you too,**" says Andrew. "This package belongs to someone in this building. Is it your package?"

"Impossible!" says the man. "My family and I just moved here. No one knows our address."

"Ok," says Andrew. "Nice to meet you then." The door closes. Another no. There are only two apartments left to try. In the next apartment is a family. The daughter goes to the same school as Andrew. She is a year older than Andrew. Her name is Diana. Andrew thinks she is very beautiful. He feels shy again, but he knocks on the door.

A pretty, blonde girl opens the door.

"**Hey,** Diana," Andrew smiles.

"What's up?" Diana says. Her pijamas are bright pink and her hair is messy.
"How's it going?" Andrew asks.

"It's going," Diana says. "I was asleep. You woke me up."

"I'm sorry," he says quickly. His face is red. He feels extra shy. "I have a package. We don't know who it belongs to."

"What is in it?" asks Diana.

"Some glasses. They are glasses for reading," says Andrew.

"I don't wear glasses. My mom doesn't use them. The box is not for us," says Diana.
"Ok," says Andrew. He waves goodbye and climbs the stairs. There is one more apartment, the apartment on the third floor. Mr. Edwards lives in this apartment, alone. He has a big parrot that knows how to talk. He also has four cats and a dog. His apartment is old and dark. Andrew feels afraid of Mr. Edwards. He rings the doorbell. He has to find out who the box belongs to.

"Hello," says Mr. Edwards. His dog comes to the door. The dog helps Mr. Edwards because he is blind.

"Hi, Mr. Edwards. It's Andrew," Andrew says. Mr. Edwards has his eyes closed. He smiles.

"What's new, Andrew?" He asks. Hmmm, Andrew thinks, maybe Mr. Edwards isn't scary. Maybe Mr. Edwards is just a nice old man that lives alone.

"I have a package and I think it is for you," says Andrew.

"Ah yes! My reading glasses. Finally!" smiles Mr. Edwards. He holds his hands out. Andrew is confused. He looks at the dog. It seems to be smiling, too. He gives Mr. Edwards the box.

"It's good to see you," says Mr. Edwards.

"You too," says Andrew. Maybe he will visit Mr. Edwards another day. He turns around and goes home.

CHAPTER 2
Mardi Gras / Colors + Days of the Week

Franco esce dalla sua porta di casa. La sua nuova casa è **viola** con le finestre **blu**. I **colori** sono molto luminosi per essere una casa. A New Orleans, la sua nuova città, gli edifici sono colorati.

Egli è nuovo nel quartiere. Franco non ha ancora amici. La casa accanto alla sua è un alto edificio **rosso**. Una famiglia vive lì. Franco fissa la porta e un uomo la apre. Franco lo saluta.

"Ciao, vicino di casa!" dice Giorgio. Saluta. Franco cammina verso la casa rossa.

"Ciao, sono Franco, il nuovo vicino", dice Franco.

"Piacere di conoscerti. Il mio nome è Giorgio," dice Giorgio. Gli uomini si stringono la mano. Giorgio ha una serie di luci nelle sue mani. Le luci sono **verdi**, **viola** e **oro**.

"A cosa servono le luci?" chiede Franco.

"Sei nuovo," ride Giorgio. "È Martedì Grasso, non lo sapevi? Questi colori rappresentano la festa del carnevale qui a New Orleans."

"Oh, sì", dice Franco. Franco non sa nulla del carnevale. Non ha nemmeno amici con cui fare progetti.

"Oggi è **venerdì**", dice Giorgio. "C'è una parata chiamata Endymion. Vieni con me e la famiglia a guardare?"

"Sì", dice Franco. "Fantastico!"

Giorgio mette le luci sulla casa e Franco aiuta Giorgio. Giorgio accende le luci. La casa sembra festosa.

La famiglia e Franco vanno alla parata. Durante il Martedì Grasso a New Orleans, ci sono sfilate ogni giorno. Le sfilate durante la **settimana** sono piccole. Le sfilate del fine settimana, **sabato** e **domenica**, sono grandi, con molti carri e persone. C'è un re del Martedì Grasso. Il suo nome è Rex.

Mardi Gras significa **Martedì** Grasso. In Inghilterra, si chiama Shrove Tuesday. È una festa cattolica. È il giorno prima del **Mercoledì** delle Ceneri, l'inizio della Quaresima. Martedì Grasso è la celebrazione prima della Quaresima, un momento serio. Da **giovedì**, i giorni speciali sono finiti. New Orleans è famosa per il suo Martedì Grasso. La gente fa feste e indossa maschere e costumi. Infatti, a New Orleans si può indossare una maschera solo il Martedì Grasso. Il resto dell'anno è illegale!

Giorgio e la sua famiglia guardano la parata iniziare insieme a Franco. Franco è sorpreso. Ci sono molte persone che guardano. Stanno lì, in piedi nell'erba. I carri di carnevale passano davanti al gruppo. I carri di carnevale sono grandi strutture con persone e decorazioni. Sfilano per la strada, uno per uno.

Il primo carro di carnevale rappresenta il sole. Ha decorazioni **gialle**. Una donna nel mezzo indossa un abito **bianco**. Sembra un angelo. Lancia coriandoli **arancioni** e perline alla gente.

"Perché lancia coriandoli e collane?" chiede Franco.

"Per noi!" dice Hannah, la moglie di Giorgio. Hannah tiene cinque collane tra le mani. Alcune perline sono per terra. Nessuno le prende. Sono sporche e di colore **marrone**.

La parata continua. Ci sono molti carri di carnevale, e molte perline. Giorgio e la sua famiglia gridano: "Buttami qualcosa!" Anna riempie la sua borsa **nera** di giocattoli colorati e perline dai carri. Franco impara a gridare "Gettami qualcosa!" per prendere anche lui delle perline.

Un grande carro ha più di 250 persone su di esso. E 'il più grande del mondo.

Infine, la parata finisce. I bambini e gli adulti sono felici. Tutti vanno a casa. Franco è molto stanco. Ha anche fame e vuole mangiare. Segue Giorgio e la sua famiglia nella casa rossa. C'è una grande torta rotonda sul tavolo. Sembra un anello, con un buco al centro. La torta ha una glassa viola, verde e gialla che la ricopre.

"Questa è la torta del re", dice Hannah. "Mangiamo la torta del re ogni Martedì Grasso."

Hannah taglia un pezzo di torta. Dà un pezzo a Giorgio, un pezzo ai bambini, e un pezzo a Franco. Franco assaggia la torta. È delizioso! Sa di cannella ed è morbida. Ma Franco morde improvvisamente nella plastica.

"Ahia!" dice Franco. Franco smette di mangiare. Tira fuori un bambino di plastica dalla torta.

"C'è un'altra tradizione," dice Giorgio. "La torta ha un bambino in esso. La persona che ottiene il bambino compra la prossima torta."
"Sono io!" dice Franco.

Tutti ridono. Giorgio invita Franco a un'altra parata **lunedì**.

Franco torna a casa felice. Ama già il Martedì Grasso.

RIASSUNTO

Franco è nuovo nel quartiere. Incontra i suoi vicini e festeggiano il Carnevale insieme a New Orleans. Franco è stupito dai carri allegorici e dalle parate. Tornano a casa per mangiare la torta del re e Franco ha una sorpresa.

LISTA DI VOCABOLI

Lilla	violet
Blu	blue
Colori	colors
Rosso	red
Verde	green
Viola	purple
Oro	gold
Venerdì	Friday
Settimana	week
Sabato	Saturday
Domenica	Sunday
Martedì	Tuesday
Mercoledi	Wednesday
Giovedi	Thursday
Giallo	yellow
Bianco	white
Arancione	orange
Marrone	brown
Nero	black
Lunedì	Monday

DOMANDE

1) Come descriveresti la nuova casa di Franco?
    a) noiosa
    b) colorata
    c) minuscola
    d) solitaria

2) Quale colore rappresenta il Martedì Grasso a New Orleans?
    a) blu
    b) bianco
    c) arancione
    d) oro

3) Martedì Grasso è una festa:
    a) solo per adulti.
    b) dalla tradizione della chiesa ebraica.
    c) molto famosa a New Orleans.
    d) che si fa in casa.

4) Quali di questi non sono sul carro del Martedì Grasso?
    a) persone
    b) computer
    c) coriandoli
    d) perline

5) Cosa succede se si trova il bambino in una torta del re?
    a) tu piangi
    b) è necessario prendersi cura del bambino
    c) devi darlo a un tuo amico
    d) la prossima volta devi acquistare una torta del re

RISPOSTE

1) Come descriverebbe la nuova casa di Franco?
    a) colorata

2) Quale colore rappresenta il Martedì Grasso a New Orleans?
    d) oro

3) Martedì Grasso è una festa:
    c) molto famosa a New Orleans.

4) Quali di questi non sono sul carro del Martedì Grasso?
    b) computer

5) Cosa succede se si trova il bambino in una torta re?
    d) la prossima volta devi acquistare una torta del re

Translation of the Story
Mardi Gras

STORY

Frank steps out his front door. His new house is **violet** with **blue** windows. The **colors** are very bright for a house. In New Orleans, his new home, buildings are colorful.

He is new to the neighborhood. Frank does not have any friends yet. The house next to him is a tall, **red** building. A family lives there. Frank stares at the door, and a man opens it. Frank says hello.

"Hello, neighbor!" says George. He waves. Frank walks to the red house.
"Hi, I'm Frank, the new neighbor," says Frank.

"Nice to meet you. My name is George," George says. The men shake hands. George has a string of lights in his hands. The lights are **green**, **purple** and **gold**.

"What are the lights for?" asks Frank.

"You *are* new," laughs George. "It's Mardi Gras, didn't you know? These colors represent the holiday of carnival here in New Orleans."

"Oh, yes," says Frank. Frank does not know about carnival. He also has no friends to make plans with.

"Today is **Friday**," says George. "There is a parade called Endymion. Will you come with me and the family to watch?"

"Yes," Frank says. "Wonderful!"

George puts the lights on the house. Frank helps George. George turns on the lights. The house looks festive.

The family and Frank go to the parade. During Mardi Gras in New Orleans, there are parades every day. The parades during the **week** are small. The parades on the weekend, **Saturday** and **Sunday**, are big, with many floats and people. There is a king of Mardi Gras. His name is Rex.

Mardi Gras means 'Fat **Tuesday'.** In England, it is called Shrove Tuesday. The holiday is Catholic. It is one day before Ash **Wednesday**, the beginning of Lent. Mardi Gras is the celebration before Lent, a serious time. By **Thursday**, the special days are finished. New Orleans is famous for its Mardi Gras. People have parties and wear masks and costumes. In fact, you can only wear a mask in New Orleans on Mardi Gras. The rest of the year it is illegal!

George and his family watch the parade begin with Frank. Frank is surprised. There are many people watching. They stand in the grass. Floats pass the group. Floats are big structures with people and decorations. They go down the street, one by one.

The first float represents the sun. It has **yellow** decorations. A woman in the middle wears a **white** dress. She looks like an angel. She throws **orange** toys and beads to the people.

"Why does she throw the toys and necklaces?" asks Frank.

"For us!" says Hannah, George's wife. Hannah holds five necklaces in her hands. Some beads are on the ground. Nobody catches them. They are dirty and **brown**.

The parade continues. There are many floats, and many beads. George and his family shout, "Throw me something, mister!" Hannah fills her **black** bag with colorful toys and beads from the floats. Frank learns to shout "Throw me something!" to get beads for himself.

One big float has over 250 people on it. It is the largest in the world.

Finally, the parade ends. The children and the adults are happy. Everyone goes home. Frank is tired. He is also hungry and wants to eat. He follows George and his family into the **red** house. There is a big, round cake on the table. It looks like a ring, with a hole in the middle. The cake has **purple**, **green** and **yellow** frosting on top.

"This is king cake," Hannah says. "We eat king cake every Mardi Gras."

Hannah cuts a piece of cake. She gives one piece to George, one piece to the children, and one piece to Frank. Frank tastes the cake. It is delicious! It tastes like cinnamon. It is soft. But suddenly Frank bites into plastic.

"Ouch!" says Frank. Frank stops eating. He pulls a plastic baby out of the cake.

"There is one more tradition," says George. "The cake has a baby in it. The person who gets the baby buys the next cake."

"That's me!" Frank says.

Everyone laughs. George invites Frank to another parade on **Monday.**

Frank goes home happy. He loves Mardi Gras.

CHAPTER 3
Weird Weather / Weather

Ivan ha dodici anni. Visita i nonni nel fine settimana. Ama visitare i nonni. La nonna gli dà biscotti e latte ogni giorno. Il nonno gli insegna cose carine. Questo fine settimana va a casa loro.

È febbraio, ed è **inverno**. A febbraio, di solito nevica e Ivan ama la **neve**. Ci gioca e si diverte con le palle di neve. Questo fine settimana di febbraio, il **tempo** è diverso. Il sole splende; è **soleggiato** e quasi **caldo**! Ivan è a casa dei nonni e indossa una maglietta.

"Ciao, nonno! Ciao, nonna!" esclama Ivan.

"Ciao, Ivan!" dice la nonna.

"Ivan! Come stai?" dice il nonno.

"Sto bene", dice, e abbraccia i nonni. Ivan saluta sua madre che lo ha accompagnato.

Entrano in casa. "Questo tempo è strano," dice la nonna. "Febbraio è sempre freddo e **nuvoloso**. Non capisco!"

"È il **cambiamento climatico**", dice Ivan. A scuola Ivan impara la contaminazione e l'inquinamento. Il tempo cambia a causa di cambiamenti nell'atmosfera. Il cambiamento climatico è il mutare del clima nel tempo.

"Non conosco il cambiamento climatico," dice il nonno. "**Prevedo** il tempo da quello che vedo."

"Cosa vuoi dire?" chiede Ivan.

"Questa mattina, il **cielo** è rosso," dice il nonno. "Questo significa che so che sta arrivando una **tempesta**."

"Come?" chiede Ivan.

"Cielo rosso di mattina, la pioggia si avvicina. Cielo rosso di sera, bel tempo si spera," Dice il Nonno a Ivan.

Se il cielo è rosso all'alba, significa che c'è acqua nell'aria. La luce del sole brilla di rosso. La tempesta viene verso di voi. Se il cielo è rosso al tramonto, il maltempo si sta allontanando. Senza **meteorologi**, la gente guarda il cielo per avere indizi sul tempo.

"Come fanno i meteorologi a prevedere il tempo?" chiede Ivan.

"osservano le caratteristiche dell'atmosfera", dice la nonna. "Osservano la temperatura, se è calda o fredda. E osservano la pressione dell'aria, ciò che sta accadendo nell'atmosfera."

"Io Prevedo il meteo in modo diverso", dice il nonno. "Ad esempio, so che oggi pioverà."

"Come?" chiede Ivan.
"Il gatto", dice il nonno. Ivan guarda il gatto. Il gatto apre la bocca e dice 'ah-CHUU'.

"Quando il gatto starnutisce o russa, significa che la pioggia sta arrivando," dice il nonno. Può **piovigginare** o può essere molto **piovoso**, ma pioverà."

Improvvisamente, sentono un suono forte. Ivan guarda fuori dalla finestra. Le gocce di pioggia stanno cadendo forte. La pioggia è forte. Ivan non riesce a sentire quello che dice il nonno.

"Cosa?" dice Ivan.

"**Sta piovendo a dirotto**", dice il nonno, sorridendo.

"Ah!" ride Ivan.

"Conosco un altro modo per capire il tempo", dice la nonna.

La nonna guarda i ragni per vedere quando farà freddo. Alla fine **dell'estate**, il tempo cambia. **L'autunno** porta aria fresca. La nonna sa che quando i ragni entrano all'interno, significa che il freddo sta arrivando. I ragni fanno una casa all'interno prima dell'inverno. È così che la nonna sa quando arriva il tempo invernale.

La pioggia si ferma. Nonno e Ivan escono. Nonno e nonna vivono in una casa nella foresta. La casa è circondata da alberi. Si tratta di una piccola casa. Ivan ha solo la sua maglietta e ha freddo. Il tempo non è soleggiato. L'aria si muove. È **ventosa** e soffia tra i capelli di Ivan.

"Fa **freddo** adesso", dice Ivan.

"Sì", dice il nonno. "Qual è la temperatura?"

"Non lo so," dice Ivan. "Non ho un termometro."

"Non ne hai bisogno", dice il nonno. Il nonno dice a Ivan di ascoltare. Ivan sente un suono: cri-cri-cri-cri. È un insetto. Il cri-cri-cri è il suono dei grilli. Insegna il nonno ad Ivan. Ivan conta il cri per otto secondi. Il Nonno aggiunge 5 a quel numero. Questa è la temperatura esterna. Ivan non sapeva che i grilli fossero come i termometri.
La nonna esce di casa. Sorride. Guarda Ivan contare il suono cri-cri. "Tempo per biscotti e latte!" dice.

"Evviva!" dice Ivan.

"Oh, guarda!" dice la nonna. "È un arcobaleno." L'arcobaleno va dalla casa alla foresta. Ha molti colori: rosso, arancione, giallo, blu e verde. L'arcobaleno è bellissimo. La Nonna, il Nonno e Ivan guardano l'arcobaleno. L'arcobaleno scompare e vanno dentro.

"Biscotti e latte per tutti", dice la nonna. Dà a Ivan un biscotto caldo al cioccolato.

"Non per me", dice il nonno. "Voglio il tè."
"Perché il tè?" dice la nonna. Ha due tazze di latte in mano.

"È inverno, dopo tutto", dice il nonno. Ride. Ivan e la nonna ridono con lui.

RIASSUNTO

Ivan passa il fine settimana con i nonni. È una giornata calda a febbraio. Parlano del tempo. I nonni di Ivan gli insegnano nuovi modi per prevedere il tempo. Ivan impara gli indizi che gli dà la natura. La famiglia va fuori per cercare di prevedere il tempo.

LISTA DI VOCABOLI

Inverno	winter
Nevicare	to snow
Clima	weather
Soleggiato	sunny
Caldo	hot
Freddo	cold
Nuvoloso	cloudy
Cambiamento climático	climate change
Atmosfera	atmosphere
Prevedere	predict
Cielo	sky
Temporale	storm
Mtereologo	weathermen
Pioviggina	drizzle
Piovoso	rainy
Pioggia a catinelle	raining cats and dogs
Estate	summer
Autunno	autumn
Ventoso	windy
Temperatura	temperature
Termómetro	thermometer
Arcobaleno	rainbow
Mal tempo	under the weather

DOMANDE

1) Com'è il tempo questo febbraio da Ivan?
    a) caldo
    b) freddo
    c) soleggiato
    d) fresco

2) Come fa il nonno a sapere come sarà il tempo?
    a) guarda la televisione
    b) ascolta i meteorologi
    c) osserva la natura
    d) non predice il tempo

3) Che cosa significa quando i ragni entrano dentro?
    a) hanno molta fame
    b) sono pronti per deporre le uova
    c) il freddo sta arrivando
    d) il caldo sta arrivando

4) Perché il nonno chiede il tè invece del latte?
    a) gli piace bere bevande calde in inverno
    b) è allergico al latte
    c) è estate
    d) per far arrabbiare la nonna

RISPOSTE

1) Com'è il tempo a febbraio?
    a) caldo
2) Come fa il nonno a sapere come sarà il tempo?
    c) osserva la natura
3) Che cosa significa quando i ragni entrano dentro?
    c) il freddo sta arrivando
4) Perché il nonno chiede il tè invece del latte?
    a) gli piace bere bevande calde in inverno

Translation of the Story
Weird Weather

STORY

Ivan is twelve years old. He visits his grandparents on the weekend. He loves to visit his grandparents. Grandma gives him cookies and milk every day. Grandpa teaches him neat things. This weekend he goes to their house.

It is February. Where Ivan is, it is **winter**. In February, it usually **snows**. Ivan loves the snow. He plays in it and rolls it into balls. This February weekend, the **weather** is different. The sun is shining; it is **sunny** and almost **hot**! Ivan wears a T-shirt to his grandparent's house.

"Hi, Grandpa! Hi, Grandma!" Ivan says.
"Hello, Ivan!" Grandma says.

"Ivan! How are you?" says Grandpa.

"I'm good," he says, and he hugs his grandparents. Ivan says goodbye to his mom.

They go into the house. "This weather is strange," says Grandma. "February is always **cold** and **cloudy**. I don't understand!"

"It is **climate change**," says Ivan. In school, Ivan learns about contamination and pollution. The weather changes because of changes in the **atmosphere**. Climate change is the difference in the weather over time.

"I don't know about climate change," says Grandpa. "I **predict** the weather by what I see."
"What do you mean?" asks Ivan.

"This morning, the **sky** is red," says Grandpa. "This means I know a **storm** is coming."

"How?" asks Ivan.

"Red sky in the morning, sailors take warning. Red sky at night, sailor's delight." Grandpa tells Ivan about this saying.

If the sky is red at sunrise, it means there is water in the air. The light of the sun shines red. The storm is coming towards you. If the sky is red at sunset, the bad weather is leaving. Without **weathermen**, people watch the sky for clues about the weather.

"How do weathermen predict the weather?" asks Ivan.

"They look at patterns in the atmosphere," says Grandma. "They look at temperature, if it is hot or cold. And they look at air pressure, what is happening in the atmosphere."

"I predict the weather differently," says Grandpa. "For example, I know today it will **rain**."

"How?" asks Ivan.

"The cat," says Grandpa. Ivan looks at the cat. The cat opens its mouth and says 'ah-CHOO'.

"When the cat sneezes or snores, that means rain is coming," says Grandpa. It may **drizzle** or it may be very **rainy**, but it will rain."

Suddenly, they hear a loud sound. Ivan looks out the window. Drops of rain are falling hard. The rain is loud. Ivan can't hear what his Grandpa says.

"What?" says Ivan.

"It's **raining cats and dogs**," says Grandpa, smiling.

"Ha!" laughs Ivan.

"I know another way to tell the weather," says Grandma.

Grandma watches the spiders to see when the weather will be cold. At the end of **summer**, the weather changes. **Autumn** brings fresh, cool air. Grandma knows that when spiders come inside, it means cold weather is coming. The spiders make a house inside before winter. That is how grandma knows when the winter weather comes.

The rain stops. Grandpa and Ivan go out. Grandpa and Grandma live in a house in the forest. The house has trees around it. It is a small house. Ivan is cold in his T-shirt. The weather is not sunny. The air is moving. It is **windy**. The wind blows through Ivan's hair.

"It is **cold** now," says Ivan.

"Yes," says Grandpa. "What is the temperature?"

"I don't know," says Ivan. "I don't have a thermometer."

"You don't need one," says Grandpa. Grandpa tells Ivan to listen. Ivan hears a sound: *cri-cri-cri*. It is an insect. The *cri-cri-cri* is the sound of crickets. Grandpa teaches Ivan. Ivan counts the *cri* for fourteen seconds. Grandpa adds 40 to that number. That is the temperature outside. Ivan did not know crickets were like thermometers.

Grandma comes out of the house. She smiles. She watches Ivan counting the *cri* sound. "Time for cookies and milk!" she says.

"Yay!" says Ivan.

"Oh, look!" says Grandma. "It's a rainbow." The rainbow goes from the house to the forest. It has many colors: red, orange, yellow, blue and green. The rainbow is beautiful. Grandma, Grandpa and Ivan watch the rainbow. It disappears and they go inside.

"Cookies and milk for everyone," says Grandma. She gives Ivan a warm chocolate cookie.

"Not for me," says Grandpa. "I want tea."

"Why tea?" says Grandma. She has two milks in her hand.

"I'm feeling **under the weather**," says Grandpa. He laughs. Ivan and Grandma laugh with him.

Italian Dialogues for Beginners
Book 2

Over 100 Daily Used Phrases and Short Stories to Learn Italian in Your Car. Have Fun and Grow Your Vocabulary with Crazy Effective Language Learning Lessons

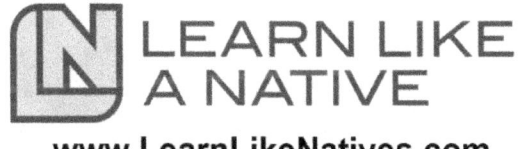

www.LearnLikeNatives.com

CHAPTER 4
John's Homework / School + Classroom

La Signora Freschi è una **maestra** di quarta elementare. Insegna alla **scuola** elementare di Cantù. La scuola è in un edificio di mattoni rossi. È in una piccola città.

La Signora Freschi ha una **classe** di 15 **studenti**. I suoi studenti sono bambini e bambine. Di solito sono bravi studenti. La Signora Freschi ha una routine. I suoi studenti iniziano la giornata ai loro **banchi**, seduti sulle loro **sedie**. La Signora Freschi chiama l'appello.

"Luisa?" esclama.
"Presente!" grida Luisa.

"Michele?" dice la Signora Freschi.

"Presente", risponde Michele.

"Giovanni?"

"Sono qui, Signora Freschi," dice Giovanni.

E così via. Dopo l'appello, La Signora Freschi inizia la giornata con la **matematica**. Per i suoi studenti, la matematica è difficile. La classe ascolta La Signora Freschi insegnare. Guardano mentre scrive sulla **lavagna**. A volte, uno studente risolve un problema di fronte alla classe. Usano il **gesso** per scrivere la soluzione. Gli altri studenti fanno gli esercizi nei loro **quaderni**.

Il momento preferito di tutti è l'ora di pranzo. La classe si avvia verso la mensa. Hanno due scelte. Un'opzione è un pasto sano di carne e verdure. L'altra scelta è pizza o hamburger. Alcuni studenti portano un pranzo da casa.

Nel pomeriggio, studiano la storia. Il venerdì, hanno lezione di **scienze** in **laboratorio**. Fanno diversi **esperimenti**, ad esempio come coltivare piante da un pezzo di patata.

La Signora Freschi dà ai suoi studenti **compiti** a casa ogni giorno. Portano i compiti a casa e li svolgono la sera. Il giorno dopo, li portano a scuola. L'unica giustificazione valida per i compiti incompleti è un biglietto dei genitori. Un giorno, la classe esamina i compiti di **inglese** insieme.

"Per favore, portate tutti i vostri **compiti** sulla mia cattedra", dice La Signora Freschi. Tutti portano i loro compiti alla Signora Freschi. Tutti tranne Giovanni.

"Giovanni, dove sono i tuoi compiti?" dice La Signora Freschi.

Il volto di Giovanni è molto rosso. È nervoso.

"Non li ho", dice Giovanni.

"Hai una giustificazione scritta dei tuoi genitori?" chiede La Signora Freschi.
"No", risponde Giovanni.

"Perché non hai fatto i compiti, allora?" chiede la Signora Freschi. Giovanni dice qualcosa sottovoce..

"Cosa? Non ti sentiamo", dice la Signora Freschi. Fa un sorriso gentile a Giovanni. Sembra nervoso.

"Il mio cane mi ha mangiato i compiti", dice Giovanni. e gli altri studenti ridono. Questa scusa è la classica scusa per non aver fatto i compiti.

"È nel tuo **zaino**? O forse nel tuo **armadietto**?" chiede la Signora Freschi. Vuole aiutare Giovanni.

"No, il mio cane l'ha mangiato!" insiste Giovanni.
"Questa è la **scusa più vecchia del mondo**", dice la Signora Freschi.

"È vero!" dice Giovanni. Giovanni è un bravo studente. Di solito prende sempre 10. La Signora Freschi non vuole mandare Giovanni **nell'ufficio del preside** per aver mentito. Non crede a Giovanni, ma decide di dargli un'altra possibilità.

"Porta i compiti domani," dice la Signora Freschi. "Ecco un'altra copia." Giovanni prende il **foglio dei compiti** e ringrazia la Signora Freschi. La classe torna sul quaderno di arte. Oggi, nell'ora di arte, stanno disegnando un quadro con **matite** colorate. Gli studenti amano l'ora di arte. È un'occasione per rilassarsi. Disegnano e disegnano fino a quando suona la **campanella**. La scuola è finita.

Gli studenti parlano nei corridoi. Si scambiano appunti. Gli studenti della classe di quarta, aspettano fuori. I loro genitori li prendono. Alcuni di loro sono a piedi. Altri sono in auto. Gli insegnanti li aiutano a trovare i loro genitori.

La Signora Freschi finisce il suo lavoro e mette il **portatile** nella sua borsa. La sua classe è pulita e vuota. Esce. Mentre cammina verso la sua auto, vede Giovanni e suo padre. Il padre di Giovanni lo viene a prendere ogni giorno con il loro cane. La Signora Freschi saluta Giovanni e suo padre.

"Ciao, Giovanni!" dice La Signora Freschi.

"Buon pomeriggio, Signora Freschi," dice Giovanni.

"È questo il cane che ti ha mangiato i compiti?" chiede La Signora Freschi. Sorride, così Giovanni sa che lo sta prendendo in giro.

"Sì, Signora Freschi," dice il padre di Giovanni. "Grazie per la comprensione. Giovanni era così preoccupato di mettersi nei guai!"

La Signora Freschi è scioccata! Questa volta, il cane ha davvero mangiato i compiti di Giovanni!

RIASSUNTO
La Signora Freschi insegna a una classe di quarta elementare. Il suo studente Giovanni non ha con sé i compiti che doveva fare a casa. Dice che il cane li ha mangiati. La maestra pensa che Giovanni stia mentendo.

Dopo la scuola La Signora Freschi vede Giovanni e suo padre. Il padre di Giovanni conferma la storia di Giovanni sul cane.

LISTA DI VOCABOLI

Professore/Professoressa	teacher
Scuola	school
Classe	class
Stundenti	students
Banco	desk
Sedia	chair
Appello	roll call
Matemática	math
Lavagna	blackboard
Gessetto	chalk
Cuaderno	notebook
Storia	history
Scienze	science
Laboratorio	lab
Esperimento	experiment
Compito	homework
Inglese	English
Fogli	papers
Zaino/Cartella	backpack
Armadietto	locker
La scusa più vecchia del mondo	the oldest excuse in the book
Ottimi voti	straight A's
Ufficio del preside	principal's office
Foglio di lavoro	worksheet
Matita	pencils

Campanella	bell
Laptop	laptop

DOMANDE

1) Come comincia la giornata nella classe della Signora Freschi?
    a) gli studenti si alzano e gridano
    b) con un compito a casa
    c) con l'appello
    d) con le urla della Signora Freschi

2) Qual è il momento preferito di tutti gli alunni della quarta elementare di Cantù?
    a) L'appello
    b) Il momento del pranzo
    c) L'ora di matematica
    d) Dopo che suona la campana

3) Perché la Signora freschi dice che la scusa di Giovanni è la più vecchia del mondo?
    a) perché tutti gli studenti usano quella scusa
    b) perché Giovanni è il più vecchio della classe
    c) perché ha dimenticato il suo libro rosso
    d) perché il suo cane ha sette anni

4) Cosa devi avere se non fai i compiti?
    a) un esperimento scientifico
    b) una buona scusa
    c) niente, va bene così
    d) una giustificazione scritta dai tuoi genitori

5) Perché la Signora Freschi è sorpresa alla fine della storia?

a) Si rende conto che Giovanni stava dicendo la verità
b) Il cane di Giovanni è in realtà un cavallo
c) Giovanni non le parla
d) Il padre di Giovanni assomiglia a Giovanni

RISPOSTE

1) Come comincia la giornata nella classe della Signora Freschi?
c) con l'appello

2) Qual è il momento preferito di tutti gli studenti della quarta elementare di Cantù?
b) Il momento del pranzo

3) Perché la Signora Freschi dice che la scusa di Giovanni è la più vecchia del mondo?
a) perché tutti gli studenti usano quella scusa

4) Cosa devi avere se non fai i compiti?
d) una giustificazione scritta dai tuoi genitori

5) Perché la Signora freschi è sorpresa alla fine della storia?
a) si rende conto che Giovanni stava dicendo la verità

Translation of the Story
John's Homework

STORY

Mrs. Kloss is a grade 4 **teacher**. She teaches at Homewood Elementary School. The **school** is in a red brick building. It is in a small town.

Mrs. Kloss has a **class** of 15 students. Her **students** are boys and girls. They are usually good students. Mrs. Kloss has a routine. Her students start the day at their **desks**, seated in their **chairs**. Mrs. Kloss calls **roll call**.

"Louise?" she says.

"Here!" shouts Louise.
"Mike?" says Mrs. Kloss.

"Present," says Mike.

"John?"

"Here, Mrs. Kloss," John says.

And so on. After roll call, Mrs. Kloss starts the day with **math**. For her students, math is difficult. The class listens to Mrs. Kloss teach. They watch as she writes on the **blackboard**. Sometimes, one student solves a problem in front of the class. They use **chalk** to write out the solution. The other students do the problems in their **notebooks**.

Everyone's favorite time is lunch time. The class goes to the lunchroom. They have two choices. One choice is a healthy meal of meat and vegetables. The other choice is pizza or hamburgers. Some students bring a lunch from home.

In the afternoon, they study **history**. On Fridays, they have **science** class in the **lab**. They do **experiments**, like growing plants from a piece of potato.

Mrs. Kloss gives her students **homework** every day. They take the work home. They work at night. The next day, they bring it to school. The only excuse for incomplete homework is a note from their parents.

One day, the class reviews the **English** homework together.

"Everyone, please bring your **papers** to my desk," says Mrs. Kloss. Everyone brings their homework to Mrs. Kloss. Everyone except for John.

"John, where is your homework?" says Mrs. Kloss.

John's face is very red. He is nervous.

"I don't have it," says John.

"Do you have a note from your parents?" asks Mrs. Kloss.

"No," says John.

"Why didn't you do your homework, then?" asks Mrs. Kloss. John says something very quietly.

"What? We can't hear you," says Mrs. Kloss. She gives John a kind smile. He looks nervous.

"My dog ate my homework," says John. Mrs. Kloss and the other students laugh. This excuse is the most typical excuse for not having work done.

"Is it in your **backpack**? Or maybe your **locker**?" asks Mrs. Kloss. She wants to help John.

"No, my dog ate it!" insists John.

"That's the **oldest excuse in the book**," says Mrs. Kloss.

"It is true!" says John. John is a good student. He usually makes **straight A's**. Mrs. Kloss does not want to send Jon to the **principal's office** for lying. She does not believe John, but she decides to give him another chance.

"Bring the homework tomorrow," says Mrs. Kloss. "Here is another copy." John takes the **worksheet** and thanks Mrs. Kloss. The class turns to their **art** notebook. Today in art class they are drawing a picture with colored **pencils**. Students love art class. It is a chance to relax. They draw and draw until the **bell** rings. School is over.

Students talk in the hallways. They exchange notes. The Grade 4 students wait outside. Their parents pick them up. Some of them are on foot. Some of them are in cars. The teachers help them to find their parents.

Mrs. Kloss finishes her work. She packs her **laptop** into her bag. Her classroom is clean and empty. She goes outside. As she walks to her car, she see John and his dad. John's father picks him up with their dog. Mrs. Kloss waves to John and his father.

"Hello, John!" says Mrs. Kloss.

"Good afternoon, Mrs. Kloss," John says.

"Is this the dog that ate your homework?" asks Mrs. Kloss. She smiles, so John knows she is teasing.

"Yes, Mrs. Kloss," says John's father. "Thank you for understanding. John is so worried about getting in trouble!"

Mrs. Kloss is shocked! This time, the dog really did eat the homework.

CHAPTER 5
Thrift Store Bargain / house and furniture

STORIA

Luisa e Maria sono migliori amiche. Sono anche **coinquiline**. Condividono un **appartamento** nel centro della città. Oggi vogliono acquistare **mobili** per la loro **casa**. Luisa e Maria sono entrambe studentesse. Non hanno molti soldi.

"Dove possiamo fare shopping?" chiede Luisa a Maria.

"Abbiamo bisogno di molti mobili", dice Maria. È preoccupata per i soldi.

"Lo so," dice Luisa. "Dobbiamo trovare un **affare**."

"Ho un'idea. Andiamo al negozio dell'usato!" dice Maria.

"Ottima idea!" dice Luisa.

Le due ragazze guidano l'auto fino al negozio dell'usato. Si tratta di un negozio molto grande. L'edificio è più grande di dieci **case**.

Le ragazze parcheggiano l'auto. Il parcheggio è vuoto. "Wow", dice Luisa. "Il negozio è molto grande."

"Assolutamente", dice Maria. "E qui non c'è nessuno."

"Saremo le uniche", dice Luisa. "Possiamo **fare come a casa nostra**."

Le ragazze entrano nel negozio. Il negozio ha qualsiasi cosa. A destra, c'è la sezione **cucina**. Ci sono alti **frigoriferi** e vecchi forni a **microonde** sugli **scaffali**. Ci sono **tostapane** di tutti i colori. I prezzi sono buoni. Un forno a microonde costa solo $ 10.

Tutto è un affare. Gli articoli sono usati e di seconda mano. Tuttavia, Maria e Luisa devono trovare oggetti che le piacciono. Ci sono più di una dozzina di divani. Maria e Luisa hanno bisogno di un **divano**. Passano il tempo a parlare dei diversi divani. A Maria piace un divano in pelle marrone. A Luisa piace un grande divano viola. Sono indecise. Luisa vede una **sedia** viola. Le ragazze decidono di prendere il divano viola e la sedia in modo che si abbinino. È perfetto per la loro casa.

"Ho bisogno di un **letto** per la mia **camera da letto**", dice Luisa.

Le ragazze camminano verso la zona notte. Ma prima, attraversano la sezione di arte.

"Sai, abbiamo bisogno di qualcosa per le **pareti**", dice Luisa. Maria è d'accordo. Ci sono grandi **quadri**, piccoli quadri, **cornici** vuote e fotografie incorniciate. Luisa è attratta da un grande dipinto astratto. Ha linee di vernice rossa, blu e nera.
"Posso dipingere anch'io così", dice Maria. "Sembra un dipinto fatto da dei bambini."

"Sono solo cinque dollari", dice Luisa.

"Oh, va bene!" dice Maria.

Le ragazze finiscono lo shopping. Luisa trova anche una **lampada** per la sua camera da letto. La sua camera da letto è troppo scura. Maria sceglie un **tappeto** per il **bagno**. Le ragazze sono molto felici. Hanno speso solo $ 100 dollari per tutti i mobili.

"Ecco perché fare shopping al negozio dell'usato è un affare", dice Luisa.

"Sì, abbiamo **tutto tranne il lavello della cucina!**" dice Maria.

Maria e Luisa hanno organizzato una festa nel loro appartamento quella sera. E 'una festa per accogliere gli amici. Maria e Luisa vogliono mostrare loro i nuovi mobili.

Il campanello suona. Maria apre la **porta**. Nicola è il primo ad arrivare. Nicola è amico di Maria ed è anche uno studente. Studia storia dell'arte.

"Ciao, ragazze," dice Nicola. "Grazie per avermi invitato."

"Entra, Nicola!" dice Maria. Nicola entra **nell'atrio**. Lei lo abbraccia.
"Vuoi vedere la nostra nuove cose?" chiede Luisa.

"Sì!" disse Nicola.

Luisa e Maria fanno fare il giro dell'appartamento a Nicola. Sono contente del loro **soggiorno**. Il nuovo divano, la sedia e il quadro ci stanno molto bene.

"Tutto questo viene dal negozio dell'usato", dice Maria. È orgogliosa.

Nicola si avvicina al dipinto. "Mi piace molto questo quadro", dice.

"Anche me", dice Luisa. "L'ho scelto io."
"Mi ricorda Jackson Pollock", dice Nicola.

"Chi è Jackson Pollock?" chiede Maria.

"È un pittore molto famoso," dice Nicola. "Schiaccia la pittura sulla tela. Proprio come questo." Nicola guarda attentamente il dipinto.

"È firmato?" chiede. Luisa scuote la testa no. "Guardiamo dietro."

Prendono il dipinto dalla cornice e lo girano. Sono tutti silenziosi. In basso c'è una firma che assomiglia a 'Jackson Pollock'.

"Quanto l'hai pagato?" chiede Nicola.
"Circa cinque dollari", dice Luisa.

"Questo dipinto probabilmente vale almeno $10 milioni di dollari," dice Nicola. Egli è sciocato. Maria guarda Luisa. Luisa guarda Maria.

"Qualcuno vuole un bicchiere di champagne?" dice Maria.

Questo sì che è un affare!

RIASSUNTO

Maria e Luisa sono in cerca di mobili per la loro nuova casa. Vanno al negozio dell'usato visto che non hanno molti soldi. Comprano molti oggetti. Luisa sceglie un dipinto. Quella sera, ad una festa, il loro amico Nicola vede il dipinto. C'è una sorpresa inaspettata per le ragazze.

LISTA DI VOCABOLI

Coinquilini	roommates
Appartamento	apartment
Mobuli	furniture
Casa	Home/house
Offerta / Affare	bargain
Negozio dell'usato	thrift store
Fare come a casa nostra	make ourselves at home
Cucina	kitchen
Frigoriferi	refrigerators
Micronde	microwaves
Scaffali	shelves
Tostapane	toasters
Sedia	chair
Tavolo	table
Divano	sofa
Letto	bed
Camera da letto	bedroom
Pareti	wall
Quadro	frame
Lampada	lamp
Tappeto	carpet
Bagno	bathroom

Tutto tranne il lavello della cucina	everything but the kitchen sink
Porta	door
Atrio	foyer
Soggiorno	living room

DOMANDE

1) Perché Maria e Luisa vanno al negozio dell'usato?
	a) Hanno bisogno di soldi.
	b) Hanno bisogno di mobili ma non hanno molti soldi.
	c) Hanno mobili da vendere.
	d) Vogliono divertirsi un po'.

2) Perché i prezzi al negozio dell'usato sono così bassi?
	a) È la stagione della vendita.
	b) Sta chiudendo.
	c) Gli articoli sono di seconda mano.
	d) I prezzi sono normali, non bassi.

3) Quale dei seguenti articoli va in cucina?
	a) il letto
	b) il forno a microonde
	c) la doccia
	d) il divano

4) Come fa Nicola a sapere così tanto del dipinto?
	a) È un commerciante d'arte professionista.
	b) Il dipinto appartiene a Nicola.
	c) Lui studia arte.
	d) Ha letto un libro.

5) Alla fine, Maria e Luisa sono...
    a) tristi.
    b) sorprese e ricche.
    c) arrabbiate con Nicola.
    d) troppo stanche per fare una festa.

RISPOSTE
1) Perché Maria e Luisa vanno al negozio dell'usato?
    a) Hanno bisogno di soldi.
2) Perché i prezzi al negozio dell'usato sono così bassi?
    c) Gli articoli sono di seconda mano.
3) Quale dei seguenti articoli va in cucina?
    b) il microonde
4) Come fa Nicola a sapere così tanto del dipinto?
    c) Lui studia arte.
5) Alla fine, Maria e Luisa sono...
    b) sorprese e ricche.

Translation of the Story
Thrift Store Bargain

STORY

Louise and Mary are best friends. They are also **roommates**. They share an **apartment** in the center of town. Today they want to shop for **furniture** for their **home**. Louise and Mary are both students. They do not have much money.

"Where can we shop?" Louise asks Mary.

"We need a lot of furniture," Mary says. She is worried about money.

"I know," says Louise. "We need to find a **bargain**."
"I have an idea. Let's go to the thrift store!" says Mary.

"Great idea!" says Louise.

The two girls drive the car to the thrift store. It is a giant store. The building is bigger than ten **houses**.

The girls park the car. The parking lot is empty.

"Wow," says Louise. "The store is very big."

"Totally," says Mary. "And there is nobody here."

"We will be the only people," says Louise. "We can **make ourselves at home**."

The girls walk into the store. The store has everything. On the right, there is the **kitchen** section. There are tall **refrigerators** and old **microwaves** on the **shelves**. There are **toasters** of all colors. The prices are good. A microwave costs only $10.

Everything is a bargain. The items are used and second-hand. However, Mary and Louise find items that they like. There are more than a dozen sofas. Mary and Louise need a **sofa**. They spend time talking about the different sofas. Mary likes a brown leather sofa. Louise likes a big purple sofa. They cannot decide. Louise sees a purple **chair**. The girls decide to get the purple sofa and chair so that they match. It is perfect for their home.

"I need a **bed** for my **bedroom**," says Louise.

The girls walk to the bedroom area. First, they pass the art section.

"You know, we need something for the **walls**," says Louise. Mary agrees. There are big paintings, small paintings, empty **frames**, and photographs in frames. Louise decides on a big, abstract painting. It has lines of splattered red, blue, and black paint.

"I can paint like that," says Mary. "It looks like a child's painting."

"It's only five dollars," says Louise.

"Oh, ok!" says Mary.

The girls finish shopping. Louise also finds a **lamp** for her bedroom. Her bedroom is too dark. Mary chooses a **carpet** for the **bathroom**. The girls are very happy. They spend only $100 dollars for all the furniture.

"That is why shopping at the thrift store is a bargain," says Louise.

"Yes, we got **everything but the kitchen sink**!" says Mary.

Mary and Louise have a party in their apartment that night. It is a party to welcome friends. Mary and Louise want to show their new furniture.

The doorbell rings. Mary opens the **door**. Nick is the first to arrive. Nick is Mary's friend. Nick is also a student. He studies art history.

"Hi, ladies," says Nick. "Thank you for inviting me."

"Come in, Nick!" says Mary. Nick steps into the **foyer**. She hugs him.

"Do you want to see our new stuff?" asks Louise.

"Yeah!" says Nick.

Louise and Mary show Nick around the apartment. They are happy with the **living room**. The new sofa, chair and painting looks great.

"All of this is from the thrift store," says Mary. She is proud.

Nick walks up to the painting. "I really like this painting," he says.

"I do too," says Louise. "I chose it."

"It reminds me of Jackson Pollock," says Nick.

"Who is Jackson Pollock?" asks Mary.

"He is a very famous painter," says Nick. "He splashes paint onto canvas. Just like this one." Nick looks closely at the painting.

"Is it signed?" he asks. Louise shakes her head no. "Let's look behind it then."

They take the painting out of the frame and turn it around. They all are quiet. On the bottom is a signature that looks like 'Jackson Pollock'.

"How much did you pay for this?" asks Nick.

"About five dollars," says Louise.

"This is probably worth at least $10 million dollars," says Nick. He is shocked. Mary looks at Louise. Louise looks at Mary.

"Does anyone want a glass of champagne?" says Mary.

Now that is a bargain!

CHAPTER 6
The Goat / common present tense verbs

Ollie si sveglia. Il sole splende. Si ricorda che è sabato. Oggi suo padre non **lavora**. Ciò significa che Ollie e suo padre faranno qualcosa insieme. Cosa possono **fare**? Ollie vuole andare al cinema. Vuole anche giocare ai videogiochi.

Ollie ha dodici anni. Va a scuola. Ma sabato non va a scuola. **Usa** il sabato per fare quello che vuole. Suo padre gli lascia decidere. Quindi Ollie vuole fare qualcosa di divertente.

"papààààà!" **chiama** Ollie. "**Vieni** qui!"

Ollie aspetta.
Suo padre entra nella camera di Ollie.

"Oggi è sabato", **dice** Ollie.

"Lo **so**, figliolo", dice il padre di Ollie.

"Voglio fare qualcosa di divertente!" dice Ollie.

"Anche io", dice papà.

"Cosa possiamo fare?" **chiede** Ollie.

"Cosa vuoi fare?" chiede suo padre.
"Andare al cinema", dice Ollie.

"Andiamo sempre al cinema sabato", dice il padre di Ollie.

"Giocare ai videogiochi", dice Ollie.

"Giochiamo ai videogiochi tutti i giorni!" dice papà.

"Ok, ok", dice Ollie. **Pensa**. Si ricorda del suo insegnante di scuola. Il suo insegnante **dice** agli studenti di stare all'aperto. L'insegnante dice loro che l'aria fresca è buona. A scuola, studiano gli animali. Ollie viene a conoscenza di animali nella giungla, animali nell'oceano e animali nelle fattorie.
Questo è tutto!

"Papà, andiamo in una fattoria!" dice Ollie. Il papà di Ollie pensa che sia una bella idea. Ha sempre voluto **vedere** e toccare gli animali della fattoria.

Prendono la macchina. Il papà di Ollie guida verso la campagna. Vedono un cartello che dice "Fattoria degli animali". Seguono le indicazioni e parcheggiano l'auto.

Ollie e suo padre acquistano i biglietti per entrare. I biglietti costano $5. Lasciano la biglietteria. C'è un grande edificio in legno, è la fattoria. Dietro la fattoria, c'è un campo enorme. Il campo ha alberi, erba, e recinzioni. In ogni recinzione c'è un tipo diverso di animale. Ci sono centinaia di animali.

Ollie è eccitato. Vede polli, cavalli, anatre e maiali. Li tocca e li ascolta. Ollie **fa** il verso di ogni animale. Alle anatre, dice "quack". Ai maiali, dice "oink". Ai cavalli, dice "nay". Ai polli, dice "bok bok". Gli animali fissano Ollie.

Superati gli animali in gabbia, Ollie vede un gregge di pecore. Il papà di Ollie gli dice che le pecore femmine sono chiamate pecore, mentre le pecore maschi sono montoni. Le pecore neonate si chiamano agnelli. Le pecore mangiano l'erba.
"Possono vederci", dice papà.

"Ma loro non ci guardano", dice Ollie.

"Le pecore possono vedere dietro di sé. Non devono girare la testa", dice papà. Il papà di Ollie sa molto sulle pecore.
"Tagliano il pelo alle pecore in primavera," dice il papà, e racconta a Ollie come la lana delle pecore **diventa** maglioni, sciarpe e altri vestiti caldi. Ollie ha un maglione di lana ed è caldo.

Ollie e suo padre camminano intorno al campo. L'erba è verde. Ci sono mucche in un angolo. Una delle mucche mamma, nutre un vitello.

"Sai cosa fanno le mucche, Ollie?" chiede papà.

"Sì! Il latte!" dice Ollie.

"Proprio così", dice papà.

Ollie sente un verso di animale. **Prende** la mano di suo padre. Camminano verso il suono. Arrivano ad un recinto. **Trovano** una capra. La capra ha le corna bloccate nel recinto. La capra si siede a terra. Non si muove. Le sue corna sono tra il legno e non può muoversi. Ollie e suo padre **guardano** la capra.

"Mi dispiace tanto per la capra", dice Ollie. Sembra triste.

"Povera bestiola!" dice il papà.

"Sembra così triste", risponde Ollie.

"Possiamo aiutarla", dice papà.

"Sì!" risponde Ollie.

Si avvicinano alla capra. Ollie è nervoso. Papà dice di non preoccuparsi. Le corna sono bloccate e la capra non gli farà del male. Ollie guarda negli occhi la capra. La **capra ha bisogno** di aiuto. Ollie parla con la capra. **Prova** a fare suoni morbidi. Vuole mantenere la capra calma.

Il papà di Ollie cerca di muovere le corna. Prova il corno destro. Prova il corno sinistro. Non si muovono. Dopo dieci minuti, si **arrendono**.

"Non riesco a farlo", dice il padre di Ollie.

"Sei sicuro?" chiede Ollie.

"Le corna sono bloccate", dice papà.

"Che cosa facciamo?" chiede Ollie.

L'area intorno alla capra è fango. Non c'è più erba. Il papà di Ollie prende un po' d'erba dal terreno e la porta alla capra. La capra mangia l'erba. La capra sembra affamata. L'erba è finita. Ollie prende più erba da dare alla capra. Accarezzano la capra per qualche minuto. La capra sembra riconoscente.

"Diciamolo al proprietario", dice papà.

"Sì", dice Ollie. "Forse possono aiutarla."

Ollie e suo padre vanno alla biglietteria. La biglietteria è un piccolo edificio all'ingresso. Un uomo lavora lì. Ollie e suo padre entrano.

"Salve, signore", dice il padre di Ollie.

"Come posso aiutarvi?" chiede l'uomo.

"C'è una capra", dice il padre di Ollie.

L'uomo interrompe il padre di Ollie. Agita la mano. Sembra annoiato. "Sì, lo sappiamo."

"Sai della capra?" chiede Ollie.

"La capra bloccata nella recinzione?" chiede l'uomo.

"Sì!" dicono Ollie e suo padre.

"Oh sì, quella è Patty," dice l'uomo. "Può uscire quando vuole. Ma le piace avere attenzioni."

Ollie **dà** a suo padre uno sguardo sorpreso. Ollie e suo padre ridono.

"Patty, che capra!" dice Ollie.

RIASSUNTO

Ollie si sveglia di sabato. Lui e suo padre decidono di fare qualcosa di divertente. Vanno in una fattoria a vedere gli animali. Vedono e toccano molti animali: mucche, cavalli, pecore, e altro ancora. Camminano intorno alla fattoria. È una bella giornata. Trovano una capra intrappolata in un recinto. Cercano di aiutare la capra. La capra è bloccata dalle corna. Gli danno da mangiare dell'erba. Ollie e suo padre vanno a cercare aiuto. L'uomo in biglietteria li ascolta. Dice loro la capra ama ingannare le persone per avere attenzioni. Ollie e suo padre ridono.

LISTA DI VOCABOLI

Lavorare	to work
Fare	to do /to make
Volere	to want
Andare	to go
Usare	to use
Chiamare	to call
Venire	to come
Dire	to say
Sapere	to know
Chiedere	to ask
Pnensare	to think
Dire	to tell
Vedere	to see
Diventare	to become
Fare	to make
Prendere	to take
Incontrare	to find

Sentire	to feel
Guardare	to look
Avere bisogno	to need
Provare	to try
Dare	to give
Arrendersi	to give up

DOMANDE

1) Cosa decidono di fare Ollie e suo padre sabato?
    a) andare al cinema
    b) andare in una fattoria
    c) giocare ai videogiochi
    d) andare a scuola

2) Di quale animale sa molto il padre di Ollie?
    a) pecore
    b) maiali
    c) giraffe
    d) mucche

3) Che cosa succede alla capra?
    a) si nasconde
    b) beve
    c) è incastrata in un recinto
    d) è arrabbiato

4) Cosa fanno Ollie e suo padre per la capra?
    a) la liberano
    b) le danno dell'erba e la accarezzano
    c) chiamano la polizia
    d) le danno un bacio

5) Cosa fa Patty?
	a) lascia la fattoria
	b) mangia la spazzatura
	c) va alla biglietteria
	d) finge di incastrarsi nel recinto per attirare l'attenzione

RISPOSTE

1) Cosa decidono di fare Ollie e suo padre sabato?
	b) andare in una fattoria

2) Di quale animale sa molto il padre di Ollie?
	a) pecore

3) Che cosa succede alla capra?
	c) è incastrata in un recinto

4) Cosa fanno Ollie e suo padre per la capra?
	b) le danno dell'erba e la accarezzano

5) Cosa fa Patty?
	d) finge di incastrarsi nel recinto per attirare l'attenzione

Translation of the Story
The Goat

Ollie wakes up. The sun is shining. He remembers: it is Saturday. Today his dad does not **work**. That means Ollie and his dad **do** something together. What can they do? Ollie **wants** to go to the movies. He also wants to play video games.

Ollie is twelve years old. He goes to school. Saturday he does not go to school. He **uses** Saturday to do what he wants. His dad lets him decide. So Ollie wants to do something fun.

"Daaaaaad!" **calls** Ollie. "**Come** here!"

Ollie waits.
His dad enters Ollie's bedroom.

"Today is Saturday," **says** Ollie.

"I **know**, son," says Ollie's dad.

"I want to do something fun!" says Ollie.

"Me too," says Dad.

"What can we do?" **asks** Ollie.

"What do you want to do?" asks his dad.

"Go to the movies," says Ollie.

"We always go to the movies on Saturday," says Ollie's dad.

"Play video games," says Ollie.

"We play video games everyday!" says Dad.

"Ok, ok," says Ollie. He **thinks**. He remembers his teacher at school. His teacher **tells** the students to go outside. The teacher tells them the fresh air is good. At school, they study animals. Ollie learns about animals in the jungle, animals in the ocean, and animals on farms.

That's it!

"Dad, let's go to a farm!" says Ollie. Ollie's dad thinks that is a great idea. He has always wanted to **see** and touch farm animals.
They take the car. Ollie's dad drives to the countryside. They see a sign that says "Animal Farm". They follow the signs and park the car.

Ollie and his dad buy tickets to enter. Tickets cost $5. They leave the ticket office. There is a big wooden building, the farmhouse. Behind the farmhouse, there is a huge field. The field has trees, grass, and fences. In each fence is a different type of animal. There are hundreds of animals.

Ollie is excited. He sees chickens, horses, ducks, and pigs. He touches them and listens to them. Ollie **makes** a sound to each animal. To the ducks, he says "quack". To the pigs, he says "oink". To the horses, he says "nay". To the chickens, he says "bok bok". The animals stare at Ollie.

Past the animals in cages, Ollie sees a flock of sheep. Ollie's dad tells him that female sheep are called ewes. Male sheep are rams. Baby sheep are called lambs. The sheep are eating grass.
"They can see us," says Dad.

"But they are not looking at us," says Ollie.

"Sheep can see behind themselves. They don't have to turn their heads," says Dad. Ollie's dad knows a lot about sheep.

"They cut the hair on the sheep in spring," says Dad. He tells Ollie how the sheep's wool **becomes** sweaters, scarves and other warm clothing. Ollie has a sweater made of wool. It is warm.

Ollie and his dad walk around the field. The grass is green. There are cows in a corner. One of the mother cows feeds a baby calf.

"You know what cows make, Ollie?" asks Dad.

"Duh! Milk!" says Ollie.

"That's right," says Dad.

Ollie hears an animal sound. He **takes** his dad's hand. They walk towards the sound. They come to a fence. They **find** a goat. The goat has horns stuck in the fence. The goat sits on the ground. It does not move. Its horns are between the wood and it can't move. Ollie and his dad **look** at the goat.

"I feel so bad for the goat," says Ollie. She seems sad.

"Poor guy!" says Dad.
"He looks so sad," says Ollie.

"We can help him," Dad says.

"Yeah!" says Ollie.

They get close to the goat. Ollie is nervous. Dad says not to worry. The horns are stuck and the goat will not hurt them. Ollie looks into the eyes of the goat. The goat **needs** help. Ollie talks to the goat. He **tries** to make soft sounds. He wants to keep the goat calm.

Ollie's dad tries to move the horns. He tries the right horn. He tries the left horn. They don't move. After ten minutes, they **give up**.

"I can't do it," says Ollie's dad.
"Are you sure?" asks Ollie.

"The horns are stuck," says Dad.

"What do we do?" asks Ollie.

The area around the goat is mud. There is no grass left. Ollie's dad takes some grass from the ground and brings it to the goat. The goat eats the grass. The goat looks hungry. The grass is gone. Ollie gets more grass to take to the goat. They pet the goat for a few minutes. The goat seems grateful.

"Let's tell the owner," says Dad.

"Yeah," says Ollie. "Maybe they can help her."

Ollie and his dad go to the ticket office. The ticket office is a small building at the entrance. A man works there. Ollie and his dad go inside.

"Hello, sir," says Ollie's dad.

"How can I help you?" asks the man.

"There's a goat—" says Ollie's dad.

The man interrupts Ollie's dad. He waves his hand. He looks bored. "Yeah, we know."

"You know about the goat?" asks Ollie.

"The goat stuck in the fence?" asks the man.

"Yes!" say Ollie and his dad.

"Oh yes, that's Patty," says the man. "She can get herself out whenever she wants. She just likes the attention."

Ollie **gives** his dad a surprised look. Ollie and his dad laugh.

"Patty, what a goat!" Ollie says.

Italian Short Stories for Beginners Book 3

Over 100 Dialogues and Daily Used Phrases to Learn Italian in Your Car. Have Fun & Grow Your Vocabulary, with Crazy Effective Language Learning Lessons

www.LearnLikeNatives.com

CHAPTER 7
The Car / emotions

STORIA

Quentin è **interessato** alle auto. Guarda le foto delle auto. Legge sulle auto tutta la notte, ogni notte. Quando **si annoia**, scorre attraverso Instagram. Gli account che segue sono tutti di automobili.

La ragazza di Quentin è Rashel. Rashel è **divertita** dall'ossessione di Quentin. Le auto non le interessano.

Quentin ha una macchina. Quentin guida una Honda Accord 2000. La sua auto è verde. Quentin si sente **imbarazzato** dalla sua auto. Vuole una macchina nuova. Vuole una macchina per guidare in città con Rashel. Sogna belle auto, auto costose. Vuole una grande auto. Lea auto piccole sono noiose.

Ultimamente, Quentin guarda sempre il suo telefono. Quando Rashel lo guarda, Quentin nasconde il telefono.

"Quentin, perché mi nascondi il telefono?" chiede Rashel.

"Per nessuna ragione", dice Quentin.

"Non è vero!" afferma Rashel.

"Te lo prometto!" dice Quentin.

"Fammi vedere lo schermo", prsegue Rashel.

"Non è niente", dice Quentin. "Lascia perdere."

Rashel è **sospettosa**. Quentin sta nascondendo qualcosa.

Una sera, Rashel prepara la cena. Squilla il telefono di Quentin. Lei non conosce il numero. Quentin risponde al telefono.

"Ciao? Oh. Ti chiamo dopo", dice Quentin. Riattacca.

"Chi è?" dice Rashel.

"Nessuno", dice Quentin.

"È una ragazza?" chiede Rashel. È **gelosa**.

"No, non lo è", dice Quentin.

"Allora chi è?" chiede Rashel.

"Nessuno", dice Quentin.

"Perché non me lo dici?" chiede Rashel.

È così **arrabbiato**; Quentin esce di casa. Lascia il cibo sul tavolo. Fa freddo. Rashel è **triste**. La cena è stata uno spreco. Rashel chiama il suo amico. Parlano della cena. L'amico di Rashel pensa che Quentin sia con un'altra ragazza. Rashel non ne è convinta. Quentin sta nascondendo qualcosa. È sicura.

Quentin si siede nella sua auto. Apre il suo computer portatile. Cerca annunci per auto di seconda mano. Ci sono auto a buon mercato e auto costose. Lui è **speranzoso**. Cerca una macchina che sia un buon affare. Ha un po' di soldi. Lui e Rashel risparmiano soldi. Li usano per le vacanze. Ma quest'anno, Quentin vuole una macchina, non una vacanza.

Vede un annuncio su una vecchia auto. L'auto è dell'anno 1990. L'auto è una Jeep. Il modello è un Grand Wagoneer. Egli è **curioso** di conoscere l'auto. Nessuna auto assomiglia a questa macchina. Ha del legno all'esterno. Quentin pensa che sia molto bello.

Quentin chiama il numero dell'annuncio.

"Pronto", dice un uomo.

"Salve", dice Quentin. "Chiamo per la macchina."

"Quale macchina?" chiede l'uomo.

"La Jeep", dice Quentin. "La prendo."

"Ok", risponde l'uomo.
"Verrò a prenderla domani", dice Quentin.

"Ok!" dice l'uomo. riaggancia il telefono.

Quentin torna a casa. Si **sente in colpa**. La cena è fredda. La mangia comunque. È nervoso. Cosa penserà Rashel della macchina?

Il giorno dopo, Quentin ottiene la macchina. Quentin ama la nuova auto. La sua auto è una Jeep Grand Wagoneer del 1990. È una grande auto. Ha pannelli di legno lungo i lati.

Quentin guida fino a casa. L'auto ha 120.000 chilometri. Ha circa 30 anni. L'auto è in ottime condizioni. Tutto funziona. L'interno è come nuovo. La nuova auto di Quentin è speciale. Non si **vergogna** di guidarla. Al contrario, si sente **orgoglioso** di guidare attraverso la città. Cosa c'è da non amare?

Bussa alla porta. Rashel la apre.

"Rashel", dice. "Guarda!" Quentin indica la macchina.

"Hai una macchina nuova?" chiede.

"Sì," dice Quentin. E invita Rashel a guidare. I due guidare intorno alla città. Quentin guida lentamente. Molte persone fissano l'auto. E 'una macchina speciale. Diversi uomini sembrano **invidiosi**. Vogliono una macchina forte. Quentin è finalmente **felice**.

Quentin passa ogni giorno con la Jeep. La guida. A volte non va in un posto preciso. Gira solo per la città. Ama la sua macchina. **Ha fiducia** nella sua Jeep. Passa ogni sera a pulire la macchina. Lucida le porte e le finestre ogni sera. Rashel lo aspetta. È in ritardo per la cena. Questo **fa infuriare** Rashel. Lei odia la Jeep Wagoneer. Lei pensa che Quentin ami la macchina più di quanto ami lei. Lei ne parla con Quentin e lui le dice di non essere **stupido**. Lui le dà un abbraccio **d'amore**. Vuole mostrarle che si sbaglia.

Sabato, Rashel e Quentin vanno al supermercato. È Quentin che guida. I finestrini sono abbassati. Quentin indossa occhiali da sole. Sembra **sicuro di sé**. Parcheggia l'auto. I due vanno al supermercato.

Fanno la spesa per la frutta.

"Quentin, puoi prendere quattro mele?" chiede Rashel. Quentin va a prendere il frutto. Ritorna. Ma ha quattro arance.

"Quentin, ho detto mele!" dice Rashel.

"Sì, lo so", dice Quentin.

"Queste sono arance!" dice Rashel.

"Oh, scusa", dice Quentin. È **distratto**. Non riesce a concentrarsi.

"Cosa c'è che non va?" chiede Rashel.
"Niente", dice Quentin.

"A cosa stai pensando?" chiede lei.

"A niente", dice Quentin. Ha uno sguardo **ansioso**. Ha uno sguardo **preoccupato**.

"Stai pensando alla macchina?" chiede Rashel.

"No", dice Quentin.

"Sì invece! Lo so! Vai a prendermi delle mele", dice Rashel. Lei è **determinata** a far prestare attenzione a Quentin. Quentin riporta le mele. Le mette nel carrello. Finiscono di fare la spesa. Quentin è silenzioso. Sembra **chiuso in sé stesso**. Vanno alla macchina.

Il parcheggio è pieno. Quentin ispeziona la jeep con attenzione. **Ha paura** di segni o graffi. Una portiera lascia segni quando colpisce un'altra portiera. Ci sono molte auto ora. Non vede nessun graffio. Quentin apre la macchina. Entra.

Rashel mette la spesa in macchina. Lei riporta il carrello al negozio. Apre la porta ed entra.

"Quentin, sono **infelice**", dice. Sta piangendo.

"Cosa?" dice Quentin. È **sorpreso**. "Cosa c'è che non va?"

"Ti importa solo della macchina", dice Rashel.

"Non è vero", dice Quentin.
"Tu non mi aiuti a fare niente", dice Rashel.

"Sì! Ci tengo a te", dice Quentin.

"Se ci tieni a me, vendi questa macchina!", conclude Rashel.

RIASSUNTO
Quentin vuole una macchina nuova. Nasconde la sua ricerca alla sua ragazza Rashel. Lei gli chiede chi gli telefona. E gli chiede cosa sta guardando. Ma Quentin

mantiene la sua ricerca un segreto. Quentin trova una macchina che ama. Egli è finalmente felice. Tuttavia, è troppo ossessionato con la sua macchina. Rashel diventa gelosa. Quentin non riesce a concentrarsi al negozio di alimentari. Egli è preoccupato che qualcuno graffi l'auto. Quentin non aiuta Rashel con la spesa. Lei si arrabbia, e dice a Quentin che deve scegliere tra lei e la macchina.

LISTA DI VOCABOLI

Interessato	interested
Annoiato	bored
Divertita	amused
Sospettoso	suspicious
Imberazzato /vergognarsi	embarrassed
Gelsoso	jealous
Arrabbiato	angry
Triste	sad
Speranzoso	hopeful
Curioso	curious
Sentirsi in colpa	guilty
Nervoso	nervous
Vergognarsi	ashamed
Orgoglioso	proud
Invidioso	envious
Felice	happy
Infuriato	enraged
Stupido	stupid
D'amore	loving
Fiducioso	confident
Distratto	distracted
Ansioso	anxious

Preoccupato	worried
Determinato	determined
Chiuso in se stesso	withdrawn
Infelice	miserable
Sorpreso	surprised

DOMANDE

1) Cosa pensa Quentin della sua auto all'inizio della storia?
    a) la ama
    b) ne è imbarazzato
    c) è troppo nuova
    d) è troppo costosa

2) Perché Rashel si arrabbia a cena?
    a) pensa che una ragazza stia chiamando Quentin
    b) ha fame
    c) Quentin è in ritardo
    d) Quentin ha dimenticato di comprare il pane

3) Cosa fa Quentin al supermercato?
    a) paga per tutto
    b) prende delle arance al posto delle mele
    c) versa il latte
    d) presta attenzione a Rashel

4) Cosa pensa Quentin della sua nuova auto?
    a) è troppo nuova
    b) è troppo piccola
    c) ne è orgoglioso
    d) ne è imbarazzato

5) Alla fine della storia, Quentin e Rashel:
   a) si baciano
   b) fanno la lotta
   c) lasciano il negozio
   d) hanno una discussione

RISPOSTE

1) Cosa pensa Quentin della sua auto all'inizio della storia?
   b) ne è imbarazzato

2) Perché Rashel si arrabbia a cena?
   a) pensa che una ragazza stia chiamando Quentin

3) Cosa fa Quentin al supermercato?
   b) prende delle arance al posto delle mele

4) Cosa pensa Quentin della sua nuova auto?
   c) ne è orgoglioso

5) Alla fine della storia, Quentin e Rashel:
   d) hanno una discussione

Translation of the Story
The Car

STORY

Quentin is **interested** in cars. He looks at pictures of cars. He reads about cars all night, every night. When he is **bored**, he scrolls through Instagram. The accounts he follows are all about cars.

Quentin's girlfriend is Rashel. Rashel is **amused** by Quentin's obsession. Cars do not interest her.

Quentin has a car. Quentin drives a 2000 Honda Accord. His car is green. Quentin feels **embarrassed** by his car. He wants a cool car. He wants a car to drive around town with Rashel. He dreams of nice cars, expensive cars. He wants a big car. Small cars are boring.

Lately, Quentin looks at his phone all the time. When Rashel looks at it, Quentin hides the phone.

"Quentin, why do you hide the phone from me?" asks Rashel.

"No reason," says Quentin.

"That's not true!" says Rashel.

"I promise it is!" says Quentin.

"Then let me see the screen," says Rashel.

"It's nothing," says Quentin. "Forget about it."

Rashel is **suspicious**. Quentin is hiding something.

One night, Rashel makes dinner. Quentin's phone rings. She does not know the number. Quentin answers the phone.

"Hello? Oh. I will call you later," says Quentin. He hangs up.

"Who is it?" says Rashel.

"Nobody," says Quentin.

"Is it a girl?" asks Rashel. She is **jealous**.
"No it is not," says Quentin.

"Then who is it?" asks Rashel.

"Nobody," says Quentin.

"Why won't you tell me?" asks Rashel.

He is so **angry**; Quentin walks out of the house. He leaves the food on the table. It gets cold. Rashel is **sad**. The dinner is a waste. Rashel calls her friend. They talk about the dinner. Rashel's friend thinks Quentin is with another girl. Rashel is unsure. Quentin is hiding something. She is sure.

Quentin sits in his car. He opens his laptop. He searches adverts for second-hand cars. There are cheap cars and expensive cars. He is **hopeful**. He looks for a car that is a good bargain. He has a little money. He and Rashel save money. They use it for vacation. This year, Quentin wants a car, not a vacation.

He sees an advert about an old car. The car is from the year 1990. The car is a Jeep. The model is a Grand Wagoneer. He is **curious** about the car. No cars look like this car. It has wood on the outside. Quentin thinks that is cool.

Quentin calls the number on the advert.

"Hello," says a man.

"Hello," says Quentin. "I am calling about the car."

"Which car?" asks the man.

"The Jeep," says Quentin. "I'll take it."

"Ok," says the man.

"I'll come get it tomorrow," says Quentin.

"Ok!" says the man. He hangs up the phone.

Quentin goes back to the house. He feels **guilty**. Dinner is cold. He eats it anyway. He is **nervous**. What will Rashel think about the car?

The next day, Quentin gets the car. Quentin loves the new car. His car is a 1990 Jeep Grand Wagoneer. It is a big car. It has wood panels along the side.

Quentin drives to the house. The car has 120,000 kilometers. It is about 30 years old. The car is in very good condition. Everything works. The interior is like new. Quentin's new car is special. He does not feel **ashamed** driving. On the contrary, he feels **proud** driving through town. What is not to love?

He knocks on the door. Rashel opens it.

"Rashel," he says. "Look!" Quentin points at the car.

"You have a new car?" she asks.

"Yes," says Quentin. He invites Rashel to ride. The two drive around town. Quentin drives slow. Many people stare at the car. It is a special car. Several men look **envious**. They want a cool car. Quentin is finally **happy**.

Quentin spends every day with the Jeep. He drives it. Sometimes he has nowhere to go. He just drives around town. He loves the car. He feels **confident** in the Jeep. He spends every evening cleaning the car. He polishes the doors and windows every night. Rashel waits for him. He is late for dinner. This makes Rashel **enraged**. She hates the Jeep Wagoneer. She thinks Quentin loves the car more than he loves her. She tells Quentin this and he tells her not to be **stupid**. He gives her a **loving** hug. He wants to show her she is wrong.

On Saturday, Rashel and Quentin go to the supermarket. Quentin drives them. The windows are down. Quentin wears sunglasses. He looks **confident** and sure of himself. He parks the car. The two go into the supermarket.

They shop for fruit.

"Quentin, can you get four apples?" asks Rashel. Quentin goes to get the fruit. He returns. But he has four oranges.

"Quentin, I said apples!" says Rashel.

"Yeah, I know," says Quentin.

"These are oranges!" says Rashel.

"Oh, sorry," says Quentin. He is **distracted**. He cannot concentrate.

"What is wrong?" asks Rashel.

"Nothing," says Quentin.

"What are you thinking about?" she asks.

"Nothing," says Quentin. He has an **anxious** look. He has a **worried** look in his eyes.

"Are you thinking about the car?" asks Rashel.

"No," says Quentin.

"Yes you are! I know it! Go get me some apples," says Rashel. She is **determined** to make Quentin pay attention. Quentin brings back the apples. He puts them in the cart. They finish grocery shopping. Quentin is quiet. He seems **withdrawn**. They go to the car.

The parking lot is full. Quentin inspects the Jeep carefully. He is **afraid** of marks or scratches. A car door leaves marks when it hits another door. There are many cars now. He does not see any scratches. Quentin unlocks the car. He gets in.

Rashel puts the groceries in the car. She returns the cart to the store. She opens the door and gets in.

"Quentin, I am **miserable**," she says. She is crying.

"What?" says Quentin. He is **surprised**. What is wrong?

"You only care about the car," says Rashel.

"That's not true," says Quentin.
"You don't help me do anything," says Rashel.

"I do! I care about you," says Quentin.

"If you care about me, sell this car," says Rashel.

CHAPTER 8
Going to A Meeting / telling time

STORIA

Thomas lascia il suo condominio. È una bella giornata. Il sole splende. L'aria è fresca. Thomas ha un incontro importante oggi. Thomas è il CEO di una società. Oggi si incontra con nuovi investitori. Egli è preparato per l'incontro. Si sente rilassato.

Sono le otto in punto del mattino. Thomas cammina lungo la strada della città. È in anticipo. Vuole del **tempo** in più. Non vuole essere in ritardo. Non vuole essere stressato.
Thomas vive in una grande città. Ci sono edifici alti ovunque. I taxi passano. Ci sono molte auto. A Thomas piace camminare. A volte prende la metro.

Thomas vuole fare colazione. Si ferma in un bar. Il bar è tranquillo. La musica suona. Thomas vuole qualcosa da mangiare.

"Cosa desidera?" chiede il barista.

"Un muffin, per favore", dice Thomas.

"Mirtillo o cioccolato?" chiede il barista.

"Mirtillo, per favore", dice Thomas.
"Qualcosa da bere?" chiede il barista.

"Un caffè", dice Thomas.

"Espresso?" chiede il barista.

"No, macchiato ", dice.

"Da portare via?" chiede il barista. Thomas guarda il suo orologio. **Sono le otto e mezza.** Ha tempo.

"Lo prendo qui," dice Thomas. Si siede e mangia. Guarda la gente camminare. Thomas guarda di nuovo il suo orologio. Sono le nove in punto. Si alza. Thomas getta la spazzatura e va in bagno. Si toglie l'orologio per lavarsi le mani. Il suo orologio è d'oro e non gli piace bagnarlo. Il suo telefono suona.

"Ciao", dice Thomas.

"Signore, è in ufficio?" chiede la segretaria di Thomas.

"Non ancora", dice Thomas. "Sto arrivando."

Lascia la caffetteria. Thomas cammina verso la metropolitana. Ha tempo, quindi non ha bisogno di un taxi. Guarda di nuovo l'orologio. Ma il suo orologio non c'è. Thomas va in panico. Ripensa alla mattinata. Lo ha lasciato a casa? No. Ricorda di essersi tolto l'orologio e di essersi lavato le mani. L'orologio è rimasto al bar.
Thomas torna al bar.

"Mi scusi", dice al barista.

"Ha trovato un orologio d'oro?" chiede.

"Solo un secondo", dice il barista. Chiede ai suoi colleghi. Nessuno ha l'orologio.

"No," dice il barista. Thomas va in bagno. Guarda intorno al lavandino. L'orologio non c'è. Qualcuno ha preso l'orologio, Thomas pensa. Non ha più tempo per cercarlo.

"Mi scusi", dice di nuovo al barista.

"Che ora è?" chiede.

"Sono le dieci e zero nove" dice il barista.

"Grazie", dice Thomas. Thomas si affretta. Ha la riunione ad un quarto alle undici. Si precipita alla fermata della metropolitana. C'è una lunga fila per acquistare i biglietti. Aspetta per cinque **minuti**.

"Sa dirmi che ore sono?" chiede Thomas a una donna.

"Sono le dieci **e mezza**", dice. Thomas è in ritardo. Lascia la lunga fila. Va in strada. Fa segno a un taxi. Tutti i taxi sono pieni. Infine, un taxi si ferma. Thomas entra nel taxi.

"Dove andiamo?" chiede l'autista.

"Tra la 116esima e il parco", dice Thomas.

"Ok", dice l'autista.

"Per favore, sbrighiamoci", dice Thomas. "Devo essere **puntuale** per una riunione."

"Sì, signore", dice l'autista.

Thomas arriva in ufficio. Esce dal taxi e sale le scale. La sua segretaria lo saluta. Thomas è sudato!

"Signore, la riunione è **tra un'ora**", dice il segretario. Thomas si asciuga il sudore dalla faccia.

"Bene", dice Thomas. Si prepara per l'incontro. La sua camicia è sudata. Puzza. Thomas decide di comprare una nuova camicia per l'incontro.

Thomas va al negozio in fondo alla strada.

"Salve, signore", dice il venditore. "Come possiamo aiutarla?"

"Ho bisogno di una nuova camicia", dice Thomas. Il venditore porta Thomas a vedere le camicie. Ci sono camicie rosa, camicie marroni, camicie a schacchi e camicie a quadri. Il venditore parla molto. Thomas è nervoso per l'orario.
"**Che ore sono?**" chiede Thomas il venditore.

"**È quasi mezzogiorno**", dice il venditore.

"Ok," dice Thomas. "Mi dia la camicia marrone." Il venditore porta la camicia marrone alla cassa. Il venditore piega la camicia e **si prende il suo tempo.**

Il telefono di Thomas squilla. È sua moglie.

"Tesoro, ceniamo alle sette **di sera**", dice.

"Ok, cara", dice Thomas. "Non posso parlare adesso."

"Ok", dice. "Non voglio che torni a casa alle nove **sta sera**."

"Non preoccuparti", dice Thomas.

"Ciao", dice sua moglie. Thomas riaggancia il telefono.

"Mi scusi", dice Thomas. "Ho fretta. Non ho bisogno che la camicia sia incartata."

"Va bene," dice il venditore. Thomas paga e lascia il negozio. Si cambia la camicia mentre cammina per strada. La gente lo guarda. Si affretta verso l'ufficio.

"**È ora**," dice la sua segretaria quando entra. Stanno aspettando nella sala riunioni. Gli investitori si siedono intorno al tavolo. Thomas li saluta.

"Mi piace la tua camicia, Thomas", dice uno degli investitori.

"Grazie", dice Thomas. "È nuova." Thomas abbassa il telefono e accende il suo computer.

"Grazie per essere venuti", dice Thomas. "Ho preparato una presentazione. Dura circa quindici minuti."

Thomas si rivolge alla sua segretaria. "Che ora è?"

"**Sono le dodici e un quarto**", dice.

"Grazie", dice Thomas. "Ho perso il mio orologio."

"Perché non guardi il telefono per l'orario?" dice uno degli investitori.

"Certo", dice Thomas. È così abituato al suo orologio che dimentica di poter guardare il telefono per l'ora!

"Devo essere l'ultima persona al mondo ad usare solo l'orologio per **sapere l'ora**", dice Thomas. Tutti ridono.

RIASSUNTO

Thomas inizia la sua giornata molto in anticipo. fà colazione e si rilassa. Va in bagno e lascia il suo orologio in bagno. Quando si rende conto, torna al bar. L'orologio è scomparso. Ora deve chiedere a tutti che ora è. Arriva in ritardo in ufficio. Fortunatamente, il suo incontro è rinviato di un'ora. Va a comprare una nuova camicia. Ci vuole più tempo del previsto. Si precipita alla riunione. Quando chiede l'ora, si rende conto che potrebbe semplicemente guardare il suo telefono per sapere l'orario. La riunione inizia.

LISTA DI VOCABOLI

Sono le……in punto	It is ____ o'clock
Del mattino	in the morning
Tempo	time
..e mezza	half past ____
In punto	on the dot
Secondo	second
Che ore sono	What time is it?
Zero	oh
Del mattino	a.m.
…meno un quarto	a quarter to
Minuti	minutes
Sai che ore sono?	Do you have the time?
In tempo	on time
Tra un ora	in an hour
Che ora è?	What's the time?
Quasi	nearly
Mezzogiorno	noon
Predere il suo tempo	takes her time
Di será	p.m.
Della será	at night
È ora	about time
Dura…. minuti	minutes long
Sapere l'ora	tell the time

DOMANDE

1) Perché Thomas perde l'orologio?
    a) Si stacca
    b) Lascia che un estraneo lo tenga
    c) Fa una scommessa
    d) Se lo toglie per lavarsi le mani

2) Dove vive Thomas?
    a) in una piccola città
    b) in una città con pochi mezzi di trasporto
    c) in una grande città
    d) in campagna

3) Thomas è fortunato perché:
    a) ha dei colleghi simpatici
    b) la sua riunione è rinviata
    c) la metropolitana non è affollata
    d) non perde l'orologio

4) Thomas dice al venditore di non incartare la camicia perché:
    a) è in ritardo per la sua riunione
    b) il sudore sulla camicia puzza
    c) sua moglie aspetta al telefono
    d) odia sprecare carta

5) Tutti ridono alla fine della storia perché:
    a) La camicia di Thomas è sudata
    b) Thomas è imbarazzato
    c) Thomas dimenticava che si può guardare l'ora dal telefono
    d) Thomas perde l'orologio.

RISPOSTE

1) Perché Thomas perde l'orologio?
     d) Se lo toglie per lavarsi le mani

2) Dove vive Thomas?
     c) in una grande città

3) Thomas è fortunato perché:
     b) la sua riunione è rinviata

4) Thomas dice al venditore di non incartare la camicia perché:
     a) è in ritardo per la sua riunione

5) Tutti ridono alla fine della storia perché:
     c) Thomas dimenticava che si può guardare l'ora dal telefono

Translation of the Story
Going to A Meeting

STORY

Thomas leaves his apartment building. It is a beautiful day. The sun shines. The air is fresh. Thomas has an important meeting today. Thomas is the CEO of a company. Today he meets with new investors. He is prepared for the meeting. He feels relaxed.

It is **eight o'clock in the morning**. Thomas walks down the city street. He is early. He wants extra **time**. He does not want to be late. He does not want to stress.

Thomas lives in a big city. There are tall buildings everywhere. Taxis drive by. Lots of cars drive by. Thomas likes to walk. Sometimes he takes the subway.

Thomas wants to eat breakfast. He stops at a café. The café is relaxed. Music plays. Thomas wants a baked good.

"What would you like?" asks the barista.

"A muffin please," says Thomas.

"Blueberry or chocolate?" asks the barista.

"Blueberry, please," says Thomas.

"Anything to drink?" asks the barista.

"A coffee," says Thomas.

"Black?" asks the barista.

"No, with a bit of cream," he says.

"To go?" asks the barista. Thomas looks at his watch. It is **half past eight.** He has time.

"For here," says Thomas. He sits down and eats. He watches people walk by. Thomas looks at his watch again. It is nine o'clock **on the dot**. He gets up. Thomas throws out the trash and goes to the bathroom. He takes off his watch to wash his hands. His watch is gold and he doesn't like to get it wet. His phone rings.

"Hello," says Thomas.
"Sir, are you at the office?" asks Thomas's secretary.

"Not yet," says Thomas. "I'm on my way."

He leaves the coffee shop. Thomas walks towards the subway. He has time, so he doesn't need a taxi. He looks at his watch again. But his watch is not there. Thomas feels panic. He thinks back over the morning. Did he leave it at home? No. He remembers taking off the watch and washing his hands. The watch is at the coffee shop.

Thomas runs back to the coffee shop.

"Excuse me," he says to the barista.

"Do you have a gold watch?" he asks.
"Just a **second**," says the barista. He asks his colleagues. No one has the watch.

"No," says the barista. Thomas goes to the bathroom. He looks by the sink. The watch is not there. Someone has the watch, Thomas thinks. He has no time to look any more.

"Excuse me," he says to the barista again.

"**What time is it?**" he asks.

"**Ten oh nine a.m.**" says the barista.

"Thanks," says Thomas. Thomas hurries. He has the meeting at a quarter to eleven. He rushes to the subway stop. There is a long line to buy tickets. He waits for five **minutes**.

"Do you have the time?" Thomas asks a woman.

"It's ten **thirty**," she says. Thomas is late. He leave the long line. He goes to the street. He waves for a taxi. All the taxis are full. Finally, a taxi stops. Thomas gets into the taxi.

"Where are you going?" asks the driver.

"To 116th and Park," says Thomas.

"Ok," says the driver.

"Please hurry," says Thomas. "I need to be **on time** for a meeting."

"Yes, sir," says the driver.

Thomas arrives to the office. He runs out of the taxi and up the stairs. His secretary says hello. Thomas is sweaty!

"Sir, the meeting is now **in an hour**," says the secretary. Thomas wipes the sweat off his face.

"Good," says Thomas. He prepares for the meeting. His shirt is sweaty. It smells bad. Thomas decides to buy a new shirt for the meeting.

Thomas goes to the store down the street.

"Hi, sir," says the salesperson. "How can we help you?"

"I need a new dress shirt," says Thomas. The salesperson takes Thomas to see the shirts. There are pink shirts, brown shirts, checked shirts, and plaid shirts. The salesperson talks a lot. Thomas is nervous about the time.

"What's the time?" Thomas asks the salesperson.

"It's **nearly noon**," says the salesperson.

"Ok," says Thomas. "Give me the brown shirt." The salesperson takes the brown shirt to the cash register. She folds the shirt. She **takes her time**.

Thomas's phone rings. It is his wife.

"Honey, we have dinner at seven **p.m.**," she says.

"Ok, dear," says Thomas. "I can't really talk right now."

"Ok," she says. "I just don't want you to come home at nine o'clock **at night**."

"Don't worry," says Thomas.

"Bye," says his wife. Thomas hangs up the phone.

"Excuse me," says Thomas. "I'm in a hurry. I don't need the shirt wrapped."

"Ok," she says. Thomas pays and leaves the store. He changes his shirt as he walks down the street. People stare. He hurries to the office.

"It's **about time**," says his secretary when he walks in. They are waiting in the meeting. The investors sit around the table. Thomas says hello.

"I like your shirt, Thomas," says one of the investors.

"Thanks," says Thomas. "It is new." Thomas sets his phone down and turns on his computer.

"Thank you for coming," says Thomas. "I have a presentation. It is about fifteen minutes long."

Thomas turns to his secretary. "What time is it?"

"It is **twelve fifteen**," she says.

"Thanks," says Thomas. "My watch is missing."
"Why don't you look at your phone for the time?" says one of the investors.

"Of course," says Thomas. He is so accustomed to his watch that he forgets he can look at the phone for the time!

"I must be the last person in the world to only use a watch to **tell the time**," says Thomas. Everyone laughs.

CHAPTER 9
Lunch with The Queen / to be, to have + food

STORIA

Ursula **è** una giovane ragazza. Vive a Londra, in Inghilterra. Studia a scuola. Ama cucinare. **Ha** un'ossessione: la famiglia reale. Vuole **essere** una principessa.

Una sera, Ursula è a casa. Sua madre prepara la cena. Hanno qualcosa di nuovo. Sua madre porta il piatto a tavola.

"Cosa **sono** quelli?" chiede Ursula.
"Questi sono **porri**", dice la mamma di Ursula.

"Oh, non mi piacciono i porri", dice Ursula.

"Provali", dice la mamma. Ci prova. Quasi vomita.

"Quasi sto male", dice Ursula.

"Che esagerata", dice sua madre.

"Per favore, dammi qualche altra verdura," dice Ursula. "**Carote, broccoli, insalata**?"

"Oh, Ursula, mangia la tua **carne** allora", dice sua madre. Accende la televisione. Guardano il telegiornale.

Il servizio parla della Regina d'Inghilterra. Ursula smette di mangiare. Presta molta attenzione.

"La regina Elisabetta regna in Inghilterra da 68 anni," dice il notiziario. "È sposata con il principe Filippo. Hanno quattro figli."

Il notiziario parla della Regina. Vive a Buckingham Palace. È molto in salute, nonostante la sua età.

"Voglio visitare Buckingham Palace", dice Ursula.

"Sì, cara", dice sua madre. Guardano il programma. Il programma annuncia una gara speciale. Una persona può vincere una visita a Buckingham Palace. Il vincitore **pranzerà** con la regina. Ursula urla.
"**Devo** vincere!" esclama.

"Non lo so", dice sua madre. "Molte persone partecipano al concorso."

Ursula guarda il programma. Impara come partecipare. Si fa una foto mentre mangia. Poi la pubblica sui social media. Lei guarda il programma, che parla del pranzo con la regina. Lei guarda mentre parlano di ciò che è successo a un principe del Sud Pacifico.

La Regina è su una barca con il principe. Servono il **dessert**. Il principe dimentica di guardare la Regina. Prende **dell'uva** e delle **ciliegie** dalla **frutta** sul tavolo e le mette nella sua ciotola. Gli versa sopra la **panna**. La cosparge di **zucchero**. Inizia a mangiare, e poi si rende conto che la regina non ha ancora iniziato. Fa un grosso errore. La regina prende il suo cucchiaio. Lei mangia un po'. Questo fa sentire meglio il principe. È molto imbarazzato.

"Ci sono delle regole per mangiare con la Regina?" chiede a sua madre.

"Certo", dice sua madre.

"Ad esempio?" chiede Ursula.

"Beh, la Regina inizia il pasto e finisce il **pasto**", dice la mamma di Ursula.

"Non puoi mangiare finché non lo fa lei", dice Ursula.

"Proprio così", dice sua madre. "E quando finisce, finisci anche tu."

"E se non hai finito?" chiede Ursula.

"Hai finito lo stesso," dice sua madre. "E devi aspettare che la Regina si sieda."

"Prima di sederti?" dice Ursula.

"Esatto", dice sua madre. Ursula ci pensa. Ci sono un sacco di regole se sei regina o principessa. Ursula e sua madre finiscono la cena e vanno a dormire.

La mattina dopo, Ursula si sveglia. È nervosa per il concorso. Oggi annunciano il vincitore. Fa **colazione** con sua madre.

"Sono nervosa", dice.

"Ursula, non vincerai", dice sua madre. "Ci sono così tante persone in gara."

"Oh", dice Ursula. È triste. Mangia i suoi **cereali**. Non ha fame. **Pancetta** e **uova** restano intatte.

Accendono la televisione.

"E annunciamo il vincitore di "A pranzo con la Regina", dice l'uomo alla TV. Mette la mano in un'enorme urna di vetro piena di bigliettini. Muove la mano. Tira fuori un biglietto. Apre il biglietto.

"E il vincitore è... Ursula Vann!" dice.

Ursula guarda sua madre. Sua madre la guarda.

"L'hai sentito?" chiede. Sua madre annuisce, con gli occhi sbarrati. La sua bocca è aperta.

"Ho vinto?" chiede. Sua madre annuisce, senza parole.

"Woo-hoo!" grida Ursula. "Sapevo che avrei vinto! Vedrò la regina!" Ursula finisce il suo cibo e va a scuola.

Il giorno dopo è il giorno del pranzo con la regina. Ursula cammina fino al palazzo. È terrorizzata. È solo una giovane ragazza. Questa è una grande avventura per una ragazza così giovane.

"Chi sei?" chiede una guardia.

"Ursula Vann," dice. "Ho vinto il concorso per pranzare con la Regina."

"Oh, buongiorno, signorina," dice la guardia. "Sei una giovane ragazza carina. Entra pure."

"Grazie", dice lei.

Una guardia la porta al palazzo. È maestoso, e molto grande. Camminano attraverso le sale. La guardia ha un cappello bizzarro. Ursula ridacchia. Poi, si ferma. Sono nella sala da pranzo.

La Regina d'Inghilterra è seduta a tavola! C'è un piatto di **panini** davanti a lei. È minuta. È contenta e sorride.

"Ciao, cara", dice.

"salve, **Vostra Maestà**," dice Ursula. E fa un inchino.

"Grazie per essere venuta a pranzo", dice.

"È un piacere, Vostra Maestà", dice Ursula.

"Spero non vi dispiaccia. Prenderemo il tè invece di un pranzo completo", dice la Regina. Si siede di nuovo. Ursula ricorda il protocollo. E si siede anche lei.

I panini sono panini reali, pensa. Assomigliano molto ai panini di casa, però. Alcuni hanno **prosciutto** e **formaggio**, con un po' di **senape** gialla. Altri hanno sopra un'insalata di **maionese**. C'è un piatto di biscotti accanto ad alcune focaccine.

"Perdonatemi, Vostra Maestà", dice Ursula.

"Sì, cara?" disse la Regina.

"Cosa c'è in quel panino?" chiede.

"Oh, questa è la mia preferita", dice la Regina. "Panino con **insalata** di porri."

"Oh, porri," dice Ursula. Si sente male. La Regina ne prende uno e da un morso.

"Prendine uno, cara", dice la Regina.

"Grazie, Vostra Maestà", dice Ursula. Prende un panino al porro. Può sentire il suo stomaco sottosopra. Fa un morso enorme perché è molto nervosa. La sua faccia diventa bianca, poi verde.

"Va tutto bene, cara?" chiede la Regina. "Sembra tu stia molto male."

"Sto bene," dice Ursula. Sente il suo stomaco girare. Si sente come se dovesse vomitare. Non può impedire ai porri di tornare su per la gola. Almeno ha seguito le altre regole per pranzare con la regina, pensa. Nessuno ha mai detto nulla riguardo a vomitare.

RIASSUNTO

Ursula è una giovane ragazza. Vive a Londra, in Inghilterra. È ossessionata dalla famiglia reale. Cena con sua madre e guarda la TV. In TV, annunciano un concorso. Il vincitore può andare a pranzo con la regina. Ursula si iscrive. Il giorno dopo, a colazione, annunciano il vincitore. È Ursula! Va a pranzo a Buckingham Palace. Lei segue le regole per mangiare con la regina. La regina ha preparato panini speciali. Purtroppo, l'insalata di porri non è il cibo preferito di Ursula. Ursula si sente male mentre mangia il panino ai porri offerto dalla Regina.

LISTA DI VOCABOLI

È	is
Ha	has
Essere	to be
Avere	have
Loro sono	They are
Porri	leeks
Io sono	I am
Verdura	vegetable
Carota	carrot
Broccoli	broccoli
Insalata	salad
Pranzo	lunch
Dovere	have to
Dessert/dolce	dessert
Uva	grapes
Ciliege	cherries
Frutta	fruit
Panna	cream
Zucchero	sugar
Pasto	meal
Colazione	breakfast
Cereali	cereal
Uova	egg
Pancetta	bacon
Panini	sandwiches
Tè	tea

Prosciutto	ham
Formaggio	cheese
Senape	mustard
Biscotti	cookies
Facaccine	scones
Insalata	salad

DOMANDE

1) Cosa succede quando Ursula prova i porri per la prima volta?

    a) li ama

    b) sua madre li brucia

    c) quasi vomita

    d) non se ne accorge

2) Qual è la regola quando si mangia con la Regina d'Inghilterra?

    a) non devi mangiare finché non inizia lei

    b) devi indossare il blu

    c) devi mangiare panini

    d) devi sederti prima di lei

3) Cosa pensa la mamma di Ursula del concorso?

    a) Ursula ha possibilità di vincere

    b) è una truffa

    c) la Regina non dovrebbe essere coinvolta

    d) Ursula non vincerà mai

4) Cosa mangia la Regina a pranzo?

    a) un buon arrosto

    b) salmone, il suo preferito

    c) tè, biscotti e panini

d) è top secret

5) Quale delle seguenti affermazioni è vera?
    a) Ursula va via a metà del pranzo
    b) Ursula non riesce a controllare la sua reazione ai porri
    c) la Regina si è fatta i panini da sola
    d) i panini non sono un cibo adatto per un pranzo

RISPOSTE

1) Cosa succede quando Ursula prova i porri per la prima volta?
    c) quasi vomita

2) Qual è la regola quando si mangia con la Regina d'Inghilterra?
    a) non devi mangiare finché non inizia lei

3) Cosa pensa la mamma di Ursula del concorso?
    d) Ursula non vincerà mai

4) Cosa mangia la Regina a pranzo?
    c) tè, biscotti e panini

5) Quale delle seguenti affermazioni è vera?
    b) Ursula non riesce a controllare la sua reazione ai porri

Translation of the Story
Lunch with The Queen

STORY

Ursula **is** a young girl. She lives in London, England. She studies at school. She loves to bake. She **has** an obsession: the royal family. She wants **to be** a princess.

One night, Ursula is at home. Her mother prepares her dinner. They **have** something new. Her mother brings the plate to the table.

"What **are** those?" asks Ursula.

"These are **leeks**," says Ursula's mom.

"Oh, I don't like leeks," says Ursula.

"Try them," says her mom. She tries them. She almost vomits.

"I **am** sick," says Ursula.

"No, you are not," says her mom.

"Please, give me any other **vegetable**," says Ursula. "**Carrots, broccoli, salad**?"

"Oh, Ursula, just eat your **meat** then," says her mom. She turns on the television. They watch the news. The report is about the Queen of England. Ursula stops eating. She pays close attention.

"Queen Elizabeth reigns in England for 68 years," says the news report. "She is married to Prince Phillip. They have four children."

The news report talks about the Queen. She lives in Buckingham Palace. She is very healthy, despite her age.

"I want to visit Buckingham Palace," says Ursula.

"Yes, dear," says her mom. They watch the program. The program announces a special competition. One person can win a visit to Buckingham Palace. The winner will eat **lunch** with the queen. Ursula screams.

"I **have to** win!" she shouts.

"I don't know," says her mom. "Many people enter the contest."

Ursula watches the program. She learns how to enter. She takes a picture of herself eating. Then she posts it on social media. She watches the program, which talks about eating with the Queen. She watches as they show what happened to a prince from the South Pacific.

The Queen is on a boat with the prince. They serve **dessert**. The prince forgets to watch the Queen. He takes some **grapes** and some **cherries** from the **fruit** on the table and puts them in his bowl. He pours **cream** over them. He sprinkles **sugar** on top. He starts to eat, and then he realizes the Queen has not. He makes a big mistake. The Queen takes her spoon. She eats a bit. That makes the prince feel better. He is very embarrassed.

"There are rules to eat with the Queen?" she asks her mom.

"Of course," says her mom.

"Like what?" asks Ursula.

"Well, the Queen begins the **meal** and ends the meal," says Ursula's mom.

"You mean you can't eat until she does," says Ursula.

"That's right," says her mom. "And when she finishes, you finish, too."

"What if you aren't finished?" asks Ursula.
"You are," says her mom. "And you must wait for the Queen to sit."

"Before you sit?" says Ursula.

"Right," says her mom. Ursula thinks about this. There are lots of rules if you are queen or princess. Ursula and her mom finish dinner. They go to sleep.

The next morning, Ursula wakes up. She is nervous about the contest. Today they announce the winner. She eats **breakfast** with her mom.

"I am nervous," she says.

"Ursula, you won't win," says her mom. "So many people are in the contest."

"Oh," says Ursula. She is sad. She eats her **cereal**. She is not hungry. Her **bacon** and **eggs** sit untouched.

They turn on the television.

"And we announce the winner of the Lunch with the Queen Contest," says the man on the TV. He puts his hand into a huge glass bowl full of papers. He moves his hand around. He pulls out a paper. He opens the paper.

"And the winner is…Ursula Vann!" he says.

Ursula looks at her mom. Her mom looks at her.

"Did you hear that?" she asks. Her mom nods, staring. Her mouth is open.
"Did I win?" she asks. Her mom nods, speechless.

"Woo-hoo!" shouts Ursula. "I knew I would! I'm going to see the queen!" Ursula finishes her food and goes to school.

The next day is the day for lunch with the Queen. Ursula walks up to the palace. She is terrified. She is only a young girl. This is a big adventure for such a young girl.

"Who are you?" asks a guard.

"Ursula Vann," she says. "I won the contest to have lunch with the Queen."

"Oh, hello, young lady," the guard says. "You are a pretty young lass. Come in."
"Thank you," she says.

A guard takes her to the palace. It is grand, and very big. They walk through the halls. The guard has a funny hat. Ursula giggles. Then, she stops. They are in the dining room.

The Queen of England is sitting at the table! There is a plate of **sandwiches** in front of her. She is small. She is happy, and she is smiling.

"Hello, dear," she says.

"Hello, your majesty," Ursula says. She courtsies.

"Thank you for coming to lunch," she says.

"It is my pleasure, your **Majesty**," says Ursula.
"I hope you don't mind. We will be having **tea** instead of a proper lunch," says the Queen. She sits again. Ursula remembers her manners. She sits, too.

The sandwiches are royal sandwiches, she thinks. They look a lot like sandwiches from home, though. Some have **ham** and **cheese**, with a yellow bit of **mustard**. Others have a **mayonnaise** salad on them. There is a plate of **cookies** next to some **scones**.

"Pardon me, your Majesty," says Ursula.

"Yes, dear?" says the Queen.

"What is on that sandwich?" she asks.

"Oh, that's my favorite," says the Queen. "Leek **salad** sandwich."

"Oh, leeks," says Ursula. She feels sick. The Queen reaches for one. She takes a bite.

"Have one, dear," says the Queen.

"Thank you, your Majesty," says Ursula. She takes a leek sandwich. She can feel her stomach turn. She takes a huge bite because she is so nervous. Her face turns white, then green.

"Are you alright, dear?" asks the Queen. "You look quite unwell."

"I- I- I'm fine," says Ursula. She feels her stomach turning. She feels as if she will vomit. She can't stop the leeks from coming back up her throat. At least she followed the other rules for eating lunch with the Queen, she thinks. Nobody ever said anything about vomiting.

Italian Dialogues for Beginners
Book 4

Over 100 Daily Used Phrases and Short Stories to Learn Italian in Your Car. Have Fun and Grow Your Vocabulary with Crazy Effective Language Learning Lessons

www.LearnLikeNatives.com

CHAPTER 10
The Driver's License / question words

STORIA

Wayne vive in una Metropoli. Wayne ha quarant'anni. Di solito va a lavorare in auto. Wayne oggi è in ritardo per andare al lavoro. Wayne va sempre più veloce. Guida oltre il limite di velocità. Ha bisogno di arrivare al lavoro in tempo. Oggi ha una riunione importante.

Wayne sente un suono. Guarda dietro di lui. C'è una macchina della polizia dietro di lui. Oh, no, pensa. Sto andando piuttosto veloce. Accosta la macchina. Anche la macchina della polizia si ferma. Un poliziotto scende. Va verso la macchina di Wayne.
"Salve", dice l'agente di polizia.

"Salve, signore", dice Wayne.

"**Perché** pensi che ti abbia fermato?" chiede il poliziotto.

"Non lo so. Quale legge sto infrangendo?" chiede Wayne.

"Stai andando troppo veloce", dice il poliziotto.

"**Quanti** chilometri all'ora sono oltre il limite di velocità?" chiede Wayne.
"Basta", dice il poliziotto. "**Dove** vai così di fretta?"

"Al lavoro", dice Wayne.

"Mostrami la tua patente", dice l'ufficiale. Wayne tira fuori il portafoglio. Lo apre. Tira fuori la sua patente. La dà all'agente di polizia.

"Questa è scaduta", dice l'ufficiale. "Sei in grossi guai." L'ufficiale dice a Wayne che non può guidare con una patente scaduta. Wayne deve fare una nuova patente. Wayne accetta. L'ufficiale gli dice che non può guidare per andare al lavoro oggi. Wayne deve arrangiarsi senza la macchina.

Wayne non può più guidare la sua auto. Ora va a lavorare in altri modi. Può scegliere tra il treno o l'autobus. A volte, guida la sua bicicletta. Se è in ritardo, prende un taxi. Oggi è di nuovo in ritardo.

Wayne arriva in ufficio.

"Ciao, Wayne," dice il suo collega, Xavier. "**Come** sei arrivato qui? La tua patente è scaduta, giusto?"

"Sì, lo è," dice Wayne. "Oggi sono in taxi. **Quanto dista** la tua casa da qui?" Xavier di solito va al lavoro a piedi.

"La mia casa è a un chilometro di distanza", dice Xavier. "**Quanto ci metti** ad arrivare col taxi?"

"Circa venti minuti", dice Wayne.

"Non male", dice Xavier. "E **quanto costa** il taxi?"

"Circa venti dollari", dice Wayne.

"Oh, questo è un po' costoso", dice Xavier. "Quale compagnia di taxi è?

"Birmingham Taxi", dice Wayne. "Perché sei così interessato?"

"La mia famiglia possiede una compagnia di taxi," dice Xavier. "Mio fratello la gestisce."

"Bello", dice Wayne. "Posso avere un passaggio gratis?" Entrambi ridono. Wayne sta scherzando. Ma ha bisogno di risolvere il suo problema. Non può pagare un taxi ogni giorno. L'indomani, decide di rifare la patente.

Il giorno dopo, Wayne prende l'autobus per la motorizzazione, il Dipartimento dei Veicoli a Motore. Questo è l'edificio dove la gente ottiene la patente di guida. Esce dalla sua auto. C'è una linea fuori. Molte persone devono fare la patente. L'ufficio è lento. Si mette in fila. Dopo un'ora, è dentro l'edificio. C'è un'altra fila. Aspetta.

"**Chi** è il prossimo?" chiede la donna.

"Io", dice Wayne.

"Bene, venga!" dice. È impaziente. "Di **cosa** hai bisogno?"

"Ho bisogno di rinnovare la mia patente", dice Wayne.

"Mi dia la sua vecchia patente", dice.

"Non ce l'ho", dice Wayne. Lo fissa. Sembra arrabbiata.

"**Perché non** ce l'ha con sé?" chiede.

"Non riesco a trovarla", dice Wayne.

"**Con chi** sto parlando?" chiede.
"Cosa vuole dire?" chiede Wayne. È confuso.

"Ok, ragazzo intelligente, dimmi il tuo nome e cognome", dice.

"**Quanti anni hai**?" chiede.

"**Perché**?" chiede Wayne.

"Devo confermare la tua data di nascita", dice. "**Quando sei nato?**"

Wayne glielo dice. Guarda il suo computer. Ci mette molto tempo. Scuote la testa.

"Non riesco a trovarti," dice. "C'è un problema con il sistema oggi. Torna domani."

"Non posso", dice Wayne.

"Se vuoi la patente oggi, dovrai superare l'esame di guida", dice.

"**Come mai?**" chiede Wayne.

"Il computer dice che non hai la patente," esclama. Wayne ha bisogno della sua patente oggi. Va all'altra fila. Farà il suo esame di guida. Facile, pensa. Sa come guidare. Tutte le altre persone sono adolescenti. Lui è il più vecchio in questa fila.

"**A chi tocca**?" chiede un grand'uomo con un completo marrone.

"A me," dice Wayne. Segue il grande uomo sulla sua auto. Entrano in macchina. Wayne cerca di ricordare tutto quello che fai in un esame di guida. Controlla gli specchietti. Si mette la cintura di sicurezza. Vede l'esaminatore che scrive su un blocco note.

"Ok, andiamo", dice l'esaminatore.

Wayne esce con attenzione dal parcheggio. Guida lentamente. Usa la freccia. Prende la strada e guida sotto il limite di velocità. L'esaminatore lo dirige attraverso la città. Wayne si assicura di fermarsi quando il semaforo è giallo, e di utilizzare la freccia. Wayne fa un buon lavoro.

Wayne pensa di aver superato l'esame. L'esaminatore lo dirige di nuovo alla motorizzazione. Tuttavia, l'esaminatore gli dice di fermarsi.

"Ora devi parcheggiare in parallelo", dice l'esaminatore. Wayne non parcheggia mai in parallelo. È nervoso. L'esaminatore lo indirizza verso un piccolo parcheggio. Wayne parcheggia l'auto nello spazio. Ha quasi finito di parcheggiare. Ma poi sente un suono "ding". La sua auto colpisce l'auto dietro di lui.

"Oh, no", dice Wayne.

"Questo errore invalida automaticamente l'esame," dice l'esaminatore. "Mi dispiace, hai fallito l'esame per la patente."

Wayne esce dall'auto per lasciare che l'esaminatore riporti l'auto in ufficio.

"**Quanti** anni hai guidato?" chiede l'esaminatore.

"Ventiquattro", dice Wayne. Si vergogna. Deve tornare domani.

RIASSUNTO
Wayne ha una patente di guida. È scaduta. Wayne deve prendere taxi, autobus e altre forme di trasporto per andare al lavoro. Decide di rinnovare la sua patente. Va alla motorizzazione per farlo. Aspetta in una lunga fila e deve rispondere a un sacco di domande. C'è un problema con il sistema informatico. Wayne deve rifare l'esame di guida da zero. Fa un buon lavoro con l'esaminatore in macchina. Tuttavia, Wayne non supera il suo test perché ha urtato una macchina durante il parcheggio in parallelo.

LISTA DI VOCABOLI

Perchè	why
Quale	which
Quanti	how many
Dove	where
Come	how
Quanto dista	how far
Quanto ci metti	how long does it take
Quanto costa	how much does it cost
Chi	who
Cosa	what
Perchè non	why don't
Con chi	with whom
Quanti anni	how old
Quando	when
Come mai	how come
Di chi	whose

DOMANDE

1) Perché Wayne viene fermato dal poliziotto?
    a) accende una luce rossa
    b) la sua auto è rotta
    c) sta andando troppo veloce
    d) è un criminale

2) Wayne si mette in grossi guai con l'ufficiale perché...
    a) la sua patente è scaduta
    b) la sua auto non è registrata
    c) sputa sul poliziotto
    d) non risponde al poliziotto

3) Quale di questi mezzi di trasporto costa $20 affinché Wayne arrivi al lavoro?
    a) bicicletta
    b) autobus
    c) treno
    d) taxi

4) Wayne non appare nel sistema informatico alla motorizzazione. Perché?
    a) non ha mai avuto una patente
    b) ha una brutta giornata
    c) c'è un problema con il sistema informatico
    d) la sua data di nascita è sbagliata

5) Perché Wayne non supera il test?
    a) è la prima volta alla guida
    b) parcheggia male perché va a sbattere contro un'altra macchina
    c) parcheggia male perché l'auto è troppo grande
    d) è ubriaco

RISPOSTE

1) Perché Wayne viene fermato dal poliziotto?
    c) sta andando troppo veloce

2) Wayne si mette in grossi guai con l'ufficiale perché...
    a) la sua patente è scaduta

3) Quale di questi mezzi di trasporto costa $20 affinché Wayne arrivi al lavoro?
    d) taxi

4) Wayne non appare nel sistema informatico alla motorizzazione. Perché?
    c) c'è un problema con il sistema informatico

5) Perché Wayne non supera il test?
    b) parcheggia male perché va a sbattere contro un'altra macchina

Translation of the Story
The Driver's License

STORY

Wayne lives in a city. Wayne is forty years old. He usually drives his car to work. Wayne is late to work today. Wayne drives faster and faster. He drives over the speed limit. He needs to get to work on time. Today he has an important meeting.

Wayne hears a sound. He looks behind him. There is a police car behind him. Oh, no, he thinks. I am going rather fast. He stops the car. The police car stops, too. A policeman gets out. He walks over to Wayne's car.

"Hello," says the police officer.
"Hello, sir," says Wayne.

"**Why** do you think I pulled you over?" asks the policeman.

"I don't know. **Which** law am I breaking?" asks Wayne.

"You are going way too fast," says the policeman.

"**How many** kilometers per hour am I over the speed limit?" asks Wayne.

"Enough," says the policeman. "**Where** are you going in such a hurry?"

"To work," says Wayne.

"Show me your driver's license," says the officer. Wayne takes out his wallet. He opens it. He pulls out his driver's license. He gives it to the police officer.

"This is expired," says the officer. "You're in big trouble." The officer tells Wayne he can't drive with an expired license. Wayne must get a new license. Wayne agrees. The officer tells him he can't drive to work today. Wayne must live without a car.

Wayne has to stop driving his car. Now he goes to work other ways. He can choose between the train or the bus. Sometimes, he rides his bike. If he is late, he takes a taxi. Today, he is late again.

Wayne arrives to the office.

"Hi, Wayne," says his colleague, Xavier. "**How** did you get here? Your license is expired, right?"

"Yes, it is," says Wayne. "Today I am in taxi. **How far** is your house from here?" Xavier usually walks to work.

"My house is a kilometer away," says Xavier. "**How long** does a taxi take to get here?"

"Oh, about twenty minutes," says Wayne.

"Not bad," says Xavier. "And **how much** does the taxi cost?"

"About twenty dollars," says Wayne.

"Oh, that is a bit expensive," says Xavier. "Which taxi company is it?

"Birmingham Taxi," says Wayne. "Why are you so interested?"

"My family owns a taxi company," says Xavier. "My brother runs it."

"Nice," says Wayne. "Can I get a free ride?" They both laugh. Wayne is kidding. But he needs to solve his problem. He can't pay for a taxi every day. He decides tomorrow he is going to get his license.

The next day, Wayne takes the bus to the DMV, the Department of Motor Vehicles. This is the building where people get their driver's license. He gets out of his car. There is a line outside. Many people have to get their license. The office is slow. He gets in the line. After an hour, he is inside the building. There is another line. He waits.

"**Who** is next?" asks the woman.

"Me," says Wayne.

"Well, come on!" she says. She is impatient. "**What** do you need?"

"I need to renew my license," says Wayne.

"Give me your old card," she says.

"I don't have it," says Wayne. She stares at him. She seems angry.

"**Why don't** you have it?" she asks.

"I can't find it," says Wayne.

"**With whom** am I speaking?" she asks.

"What do you mean?" asks Wayne. He is confused.

"Ok, smart guy, tell me your first and last name," she says. Wayne tells her.

"**How old** are you?" she asks.

"**What for**?" asks Wayne.

"I have to confirm your birth date," she says. "**When** were you born?"
Wayne tells her. She looks at her computer. She takes a long time. She shakes her head.

"I can't find you," she says. "There is a problem with the system today. Come back tomorrow."

"I can't," says Wayne.

"If you want your license today, you will have to take the driving test over," she says.

"**How come**?" asks Wayne.

"The computer says you have no license," she says. Wayne needs his license today. He goes to the other line.

He will take his driver's test. Easy, he thinks. He knows how to drive. All the other people are teenagers. He is the oldest in this line.

"**Whose** turn is it?" asks a big man with a brown suit.

"Mine," says Wayne. He follows the big man to his car. They get in the car. Wayne tries to remember everything you do in a driver's test. He checks the mirrors. He puts on his seatbelt. He sees the examiner writing on a notepad.

"Okay, let's go," says the examiner.

Wayne carefully backs out of the parking space. He drives slowly. He uses his turn signal. He gets on the road and drives under the speed limit. The examiner directs him through the town. Wayne makes sure to stop at yellow lights and to use his blinker. Wayne does a good job.

Wayne thinks he passes. The examiner directs him back to the DMV. However, the examiner tells him to stop.

"Now you must parallel park," says the examiner. Wayne never parallel parks. He is nervous. The examiner directs him to a tiny parking space. Wayne turns the car into the space. He is almost finished parking. But then he hears a 'ding' sound. His car hits the car behind him.

"Oh, no," says Wayne.

"That is an automatic fail," says the examiner. "Sorry, you fail your driver's test."

Wayne gets out of the car to let the examiner drive the car back to the office.

"How many years have you been driving?" asks the examiner.

"Twenty-four," says Wayne. He is ashamed. He has to come back tomorrow.

CHAPTER 11
At the Travel Agency / likes and dislikes

STORIA

Yolanda e Zelda sono sorelle. E sono molto impegnate nella vita. Entrambe vivono a New York City. Yolanda è una parrucchiera per persone famose. Zelda è un avvocato e ha due figli. Sono così occupate che a volte non si vedono per mesi.

Yolanda un giorno ha un'idea e Chiama Zelda.

"Zelda, cara! Come stai?" chiede.
"Bene, sorella", dice Zelda. "Come stai?"

"Benone! Ho avuto un'idea meravigliosa," dice Yolanda. "**Dovremmo** fare un viaggio insieme!"

"Che bella idea," dice Zelda. "**Mi piace**! Dove?"

"Non lo so, d'ovunque parte," dice Yolanda. "Non importa dove! **Mi piacerebbe** andare ovunque con te!"

"Andiamo all'agenzia viaggi domani," dice Zelda. "Possono aiutarci."

Le due sorelle si incontrano il giorno dopo. Zelda porta diverse pagine di ricerca sulle vacanze. Le pagine parlano di diversi tipi di turismo. C'è il turismo ricreativo, come rilassarsi e divertirsi in spiaggia. C'è il turismo culturale, come visite turistiche o visitare musei per conoscere la storia e l'arte. Il turismo di avventura invece, è per la gente che **adora** esplorare i posti distanti e le attività estreme. L'ecoturismo in ultimo consiste nel viaggiare in ambienti naturali.

Yolanda legge le pagine di ricerca. Il turismo della salute è viaggiare per prendersi cura del corpo e della mente visitando luoghi come località termali. Il turismo religioso è un viaggio per celebrare eventi religiosi o visitare importanti luoghi di culto.

"Ci sono così tanti tipi di viaggio", dice Yolanda.

"Sì", dice Zelda. "**Mi piace** viaggiare per un motivo. Non riesco a stare sdraiata sulla spiaggia a non fare nulla." Yolanda ama la spiaggia. Le piace non fare niente in vacanza. Ma non dice niente.

Le sorelle arrivano all'agenzia di viaggi. L'agente di viaggi è una donna. Sembra simpatica. Yolanda e Zelda si siedono con lei.

"Come posso aiutarvi?" chiede l'agente.

"Vorremmo fare un viaggio", dice Yolanda.

"Che tipo di viaggio?" chiede l'agente.

"**Vado pazza per la cultura**", dice Zelda. "Amo i musei. Amo l'arte."
"**Preferirei** andare da qualche parte con il sole. Amo le attività all'aria aperta", dice Yolanda.

"La gente viaggia per molte ragioni", dice l'agente. "Che ne dite di Barcellona?"

"Oh, non lo so", dice Zelda. "**Non sopporto** di non conoscere la lingua locale."

"Non parliamo spagnolo", dice Yolanda.

"Vi piacerebbe Parigi?" chiede l'agente. "Ci sono ottimi musei e ristoranti."

"Non parliamo nemmeno francese!" dicono entrambe. "Che ne dite di Londra?" chiede l'agente.

"Fantastico!" dice Zelda.

"Così piovoso!" dice Yolanda allo stesso tempo. Le sorelle si guardano.

"Hai detto che non ti importava Yoli!" dice Zelda.

"Voglio viaggiare con te", dice Yolanda. "**Non sono arrabbiata** per Londra. Però **detesto** la pioggia!"

"Andiamo, Yolanda," dice Zelda. "Per favore!"

L'agente mostra le foto delle donne di Londra. Vedono i famosi edifici. Yolanda vorrebbe vedere il Big Ben. Zelda è entusiasta del museo d'arte Tate Modern.

"Che tipo di hotel vi piacerebbe?" chiede l'agente.

"Potremmo prendere un appartamento Airbnb", dice Yolanda.

"No, detesto stare nelle case degli altri", dice Zelda.

"Abbiamo bellissimi hotel nel centro della città", dice l'agente.

"Sembra fantastico", dice Zelda.
Zelda preferisce gli hotel di lusso. Sa che Yolanda **non ama molto** gli hotel di lusso. Ma Zelda non va mai in vacanza. Vuole che questa vacanza sia perfetta. L'agenzia di viaggi mostra le foto delle sorelle. Le camere dell'hotel sono enormi. Alcuni hanno un bagno in mezzo alla stanza.

"Sono bellissime", dice Zelda. "Ti dispiace se restiamo in un hotel di lusso, Yolanda?"

"**Niente affatto**," dice Yolanda. Zelda sa che **non le piacciono** gli hotel di lusso. Yolanda si sente triste. Zelda fa quello che vuole.

"**Cosa vi piacerebbe** fare mentre sei a Londra?" chiede l'agente di viaggio.

"Ci piacerebbe andare in tutti i musei, visitare il Palazzo e visitare alcune gallerie d'arte", dice Zelda.

"Ok", dice l'agente di viaggio. "Probabilmente è abbastanza per passare il tempo a Londra."

Yolanda non dice niente. Le sorelle pagano e lasciano l'agente di viaggio. Zelda è felice. Yolanda vorrebbe che la vacanza fosse più nel suo stile. Torna a casa. Pensa al viaggio. Sorride. Ha un piano.

Il giorno dopo, Yolanda torna all'agenzia di viaggi.

"Oh salve, Yolanda," dice l'agente. "Come posso aiutarti?"
"**Vogliamo** cambiare un po' il nostro viaggio", dice Yolanda.

"Nessun problema", dice l'agente di viaggio.

"**Preferiremmo** andare in un posto soleggiato", dice Yolanda.

"Naturalmente", dice l'agente di viaggio. L'agente di viaggio suggerisce molte posizioni diverse. Yolanda firma alcuni nuovi documenti. E dà i soldi all'agente per il cambiamento. Immagina Zelda in vacanza. sorride. Zelda ama le sorprese.

È il fine settimana. È l'ora del viaggio di Yolanda e Zelda. Le sorelle si incontrano all'aeroporto. Sono emozionate. Yolanda è nervosa.

"Ti ho portato il caffè", dice. Zelda prende il caffè.

"Grazie", dice. Prende un sorso. "Oh, ma **odio** lo zucchero nel caffè, Yoli!"

Yolanda si scusa. Prende entrambi i caffè in mano. Ora non può più portare la sua valigia.

Le due sorelle passano attraverso i controlli di sicurezza. Aspettano di salire a bordo dell'aereo. Lo schermo dice

"Volo 361 per Londra / Con collegamenti / British Airways". Yolanda sorride mentre salgono sull'aereo.

Il volo dura sei ore. Yolanda e Zelda dormono. Si svegliano mentre l'aereo arriva all'aeroporto di Londra. L'assistente di volo utilizza l'altoparlante. "Se soggiornate a Londra o avete un collegamento, siete pregati di alzarvi e lasciare l'aereo."

Zelda si alza. Yolanda no.

"Andiamo, Yolanda", dice Zelda. Yolanda non si muove.

"Andiamo!" dice Zelda.

"In realtà, sorellina," dice Yolanda. "C'è un cambiamento di programma. Restiamo su questo aereo."

Zelda sembra un po' confusa.

L'assistente di volo utilizza di nuovo l'altoparlante. "Se si viaggia fino alla nostra prossima destinazione, rimanere ai vostri posti. Prossima fermata-Fiji!"

RIASSUNTO
Due sorelle, Yolanda e Zelda, vogliono fare un viaggio insieme. Vanno all'agenzia di viaggi. Sono molto diverse. E 'difficile per loro concordare su un luogo. Zelda ama pianificare le vacanze e vedere l'arte e la cultura. Yolanda preferisce spiagge e mare. Infine, decidono dove andare. Ma il giorno dopo, Yolanda torna all'agenzia di viaggi e cambia la destinazione. Zelda lo scopre quando il loro aereo atterra.

LISTA DI VOCABOLI

Dovremmo	we should
Mi piace / amo	I love
Mi piacerebbe	I would love
Adoro	I adore
Detesto	I can't stand
Ci piacerebbe	we would like
Vado pazzo per	I'm crazy about
Preferisco	I prefer
Non sopporto	I can't bear
Ti piacerebbe	would you like
Non sono arrabbiato per	I'm not mad about
Odio	I loathe
Non le piace	doesn't like
Molto	very much
Niente affatto	not at all
Non ama	dislikes
Cosa ti piacerebbe	what would you like
Vogliamo / vorremmo	we want
Preferiremmo	we would rather
Piace	likes

DOMANDE

1) Come si conoscono Yolanda e Zelda?
    a) sono amiche
    b) sono sorelle
    c) lavorano insieme
    d) sono vicine di casa

2) Cosa fa Zelda in vacanza?
    a) va a vedere arte e cultura
    b) si sdraia sulla spiaggia
    c) si rilassa
    d) vede cosa succede senza pianificare

3) Quale delle seguenti cose decide Yolanda al primo incontro all'agenzia viaggi?
    a) dove andare
    b) dove dormire
    c) cosa fare
    d) nessuna di queste

4) Cosa fa Yolanda quando va all'agenzia di viaggi per la seconda volta?
    a) chiede la restituzione del denaro
    b) annulla il viaggio
    c) modifica la destinazione
    d) chiama Zelda

5) Cosa succede quando le sorelle atterrano a Londra?
    a) vanno al loro hotel
    b) vanno in un museo
    c) l'aereo si schianta
    d) Yolanda sorprende Zelda con una nuova destinazione

RISPOSTE

1) Come si conoscono Yolanda e Zelda?
    b) sono sorelle

2) Cosa fa Zelda in vacanza?
    a) va a vedere arte e cultura

3) Quale delle seguenti decisioni decide Yolanda al primo incontro con l'agenzia di viaggi?
    d) nessuna di queste

4) Cosa fa Yolanda quando va all'agenzia di viaggi per la seconda volta?
    c) modifica la destinazione

5) Cosa succede quando le sorelle atterrano a Londra?
    d) Yolanda sorprende Zelda con una nuova destinazione

Translation of the Story
At the Travel Agency

STORY

Yolanda and Zelda are sisters. They have very busy lives. They both live in New York City. Yolanda is a hairdresser for celebrities. Zelda is a lawyer and has two children. They are so busy, sometimes they don't see each other for months.

Yolanda has an idea one day. She calls Zelda.

"Zelda, dear! How are you?" she asks.

"Fine, sis," says Zelda. "How are you?"

"Great! I've had a marvelous idea," says Yolanda. "**We should** take a trip together!"

"What a great idea," says Zelda. "**I love** it! Where to?"

"I don't know, anywhere," says Yolanda. "Wherever! **I would love** to go anywhere with you!"

"Let's go to the travel agency tomorrow," says Zelda. "They can help."

The sisters meet the next day. Zelda brings pages of research on vacations. The pages talk about different types of tourism. There is recreational tourism, like relaxing and having fun at the beach. There's cultural tourism like sightseeing or visiting museums to learn about history and art. Adventure tourism is for people who **adore** exploring distant places and extreme activities. Ecotourism is traveling to natural environments.

Yolanda reads the papers. Health tourism is travel to look after your body and mind by visiting places like spa resorts. Religious tourism is travel to celebrate religious events or visit important religious places.

"There are so many types of travel," says Yolanda.

"Yes," says Zelda. "**I enjoy** traveling for a reason. I can't stand lying on the beach, doing nothing." Yolanda likes the beach. She likes doing nothing on vacation. She doesn't say anything.

The sisters arrive to the travel agency. The travel agent is a woman. She seems nice. Yolanda and Zelda sit down with her.

"How can I help you?" asks the agent.

"We would like to take a trip," says Yolanda.

"What kind of trip?" asks the agent.

"**I'm crazy about** culture," says Zelda. "I love museums. I love art."

"**I would rather** go somewhere with sunshine. I love outdoor activities," says Yolanda.

"People travel for lots of reasons," says the agent. "How about Barcelona?"

"Oh, I don't know," says Zelda. "**I can't bear** not knowing the local language."

"We don't speak Spanish," says Yolanda.

"Would you like Paris?" asks the agent. "There are very good museums and restaurants."

"We don't speak French, either!" they both say.

"How about London?" asks the agent.

"Great!" says Zelda.

"So rainy!" says Yolanda at the same time. The sisters look at each other.

"You said you don't care Yoli!" says Zelda.

"I want to travel with you," says Yolanda. "**I'm not mad about** London, though. **I detest** the rain!"

"Come on, Yolanda," says Zelda. "Please!"

The agent shows the women pictures of London. They see the famous buildings. Yolanda would like to see Big Ben. Zelda is excited about the Tate Modern art museum.

"What kind of hotel would you like?" asks the agent.

"We could get an Airbnb apartment," says Yolanda.

"No, **I loathe** staying in other people's homes," says Zelda.

"We have beautiful hotels in the center of the city," says the agent.

"That sounds great," says Zelda.

Zelda prefers luxurious hotels. She knows Yolanda **doesn't like** fancy hotels **very much**. But Zelda never goes on vacation. She wants this vacation to be perfect. The travel agent shows the sisters pictures. The hotel rooms are huge. Some have a bath in the middle of the room.

"Those are gorgeous," says Zelda. "Do you mind if we stay in a fancy hotel, Yolanda?"

"**Not at all**," says Yolanda. Zelda knows she **dislikes** fancy hotels. Yolanda feels sad. Zelda does what she wants.

"**What would you like** to do while in London?" asks the travel agent.

"We would love to go to all the museums, visit the Palace, and visit some art galleries," says Zelda.

"Okay," says the travel agent. "That's probably enough to fill your time in London."

Yolanda doesn't say anything. The sisters pay and leave the travel agent. Zelda is happy. Yolanda wishes the vacation was more her style. She goes home. She thinks about the trip. She smiles. She has a plan.

The next day, Yolanda returns to the travel agent.

"Oh hello, Yolanda," says the agent. "How can I help you?"

"**We want** to change our trip a bit," says Yolanda.

"No problem," says the travel agent.

"**We would rather** go to somewhere sunny," says Yolanda.

"Of course," says the travel agent. The travel agent suggests many different locations. Yolanda signs some new papers. She gives the agent money for the change. She imagines Zelda on vacation. She smiles. Zelda **likes** surprises.

It is the weekend. It is time for Yolanda and Zelda's trip. The sisters meet at the airport. They are excited. Yolanda is nervous.

"I brought you coffee," she says. Zelda takes the coffee.

"Thanks," she says. She takes a sip. "Oh, but **I hate** sugar in my coffee, Yoli!"

Yolanda apologizes. She takes both coffees in her hands. Now she can't carry her suitcase.

The two sisters go through security. They wait to board the plane. The screen says "Flight 361 to London / With Connections / British Airways". Yolanda smiles as they get on the plane.

The flight lasts six hours. Yolanda and Zelda sleep. They awake as the plane pulls into the airport in London. The flight attendant uses the speaker. "If you are staying in London or have a connection, please stand and leave the plane."

Zelda stands up. Yolanda does not.

"Come on, Yolanda," says Zelda. Yolanda doesn't move.

"Let's go!" says Zelda.

"Actually, sis," says Yolanda. "There is a change of plans. We are staying on this plane."

Zelda looks confused.

The flight attendant uses the speaker again. "If you are traveling through to our next destination, remain in your seats. Next stop—Fiji!"

CHAPTER 12
Valentine's Day in Paris / prepositions

STORIA

Charles e Dana sono fidanzati. Sono innamorati. Charles vuole fare qualcosa di speciale per San Valentino. Invita Dana a Parigi. Parigi è chiamata la città dell'amore. Molte persone viaggiano a Parigi per trascorrere del tempo romantico con il loro partner. Forse sono i film, il cibo, i bellissimi edifici? Parigi è sempre romantica.

La coppia arriva a Parigi il 13 febbraio. L'aereo atterra. Sono entusiasti. Charles e Dana raccolgono i loro bagagli. "Andiamo in albergo", dice Charles.

"Come?" chiede Dana.

"Possiamo prendere il treno per il centro città", dice Charles. **Di fronte** alla coppia c'è un'indicazione per il treno dell'aeroporto. Seguono le frecce, camminando **sotto** di esse. **Attraversano** il ponte, fino a giungere all'ingresso del treno. Vanno alla biglietteria automatica.

"Che biglietto compriamo?" chiede Dana. Entrambi fissano la macchinetta.

"Non lo so", dice Charles. "L'hotel si trova **nel** 7º arrondissement." Charles tenta di indovinare quale biglietto comprare. Lo compra e vanno al binario del treno. **Sopra** i binari, c'è un cartellone. Dice la direzione di ogni treno. Un treno si avvicina. Il cartello dice: 'centre-ville'. Salgono **sul** treno.

Quando il treno raggiunge la destinazione, **scendono** dal treno. Salgono le scale della metropolitana. Escono. La Torre Eiffel si erge **sopra** di loro.

"È bellissimo", dice Dana.

"Sì, è fantastico", dice Charles.

"Voglio arrivare **in** cima", dice Dana.

"Lo sapevi che ridipingono la torre ogni sette anni?" chiede Charles. "Con 50 tonnellate di vernice!"

"Non lo sapevo", dice Dana. Charles le dice di più sulla Torre Eiffel. Fu costruita nel 1889. Prende il nome da Gustave Eiffel, l'architetto responsabile del progetto.

Per 41 anni, è stata la struttura più alta del mondo. Ci sono molte repliche della torre **in tutto il mondo**. C'è anche una replica dalle dimensioni originali a Tokyo.

"Amo Parigi", dice Dana.

"Andiamo all'hotel", dice Charles. Camminano fino all'hotel vicino. È proprio dietro la Torre Eiffel.

Il giorno dopo è San Valentino. La coppia ha un pranzo speciale in programma. Vanno al ristorante Epicure. È uno dei ristoranti più romantici della città.

"Sei pronta?" chiede Charles.

"Sì", dice Dana. "Come ci arriviamo?" Escono **fuori** dall'hotel.

"È appena dopo gli Champs-Élysées", dice Charles. Camminano **lungo** la strada. Camminano verso il fiume. È una bella giornata. Il sole splende. Dana nota quanto sono belli gli edifici. Sono tutti molto vecchi.

"Dovremmo avere edifici come questo in America", dice Dana.

"Sono più vecchi dell'America", dice Charles. Charles e Dana camminano **lungo** il fiume. Si tengono per mano. Parigi è una città per amanti.

Epicure è vicino al quartiere centrale dello shopping. Passano negozi come Louis Vuitton e Pierre Hermé. Dana si ferma a guardare nelle finestre. Il ristorante è **accanto** a uno dei suoi negozi preferiti.

"Per favore possiamo entrare", dice. Quando passano **attraverso** la porta di Hermes, Charles sa che è nei guai. Borse e sciarpe sono ovunque. Dana impazzisce. Prende due sciarpe da una vetrina. Afferra una shopper **tra** una collezione di borse.

"Per favore, Charles?" gli chiede. "Un piccolo souvenir di Parigi?" Charles pensa. I tre oggetti costano lo stesso del biglietto aereo per Parigi. E 'San Valentino, però. Dice di sì. Dana porta le sciarpe e la borsa alla cassa. Charles paga con la sua carta di credito. Escono dal negozio. Dana è molto contenta.

Charles e Dana continuano lungo la strada. Non vedono Epicure.

"È proprio qui", dice Charles.

"Qui dove?" chiede Dana.

"Qui," dice Charles. "È quello che dice Google Maps."

"Non lo vedo", dice Dana.
Charles chiama il ristorante sul suo cellulare. "Salve, non riusciamo a trovare il ristorante," dice. Resta in ascolto. La persona parla francese. "Parla inglese? No?" La persona riattacca.

"Non parlano inglese", dice Charles.

"Deve essere qui", dice Dana. Scorge un piccolo vicolo. Entra nel vicolo e cammina un po'.

"Eccolo", dice. Il ristorante è **all'interno** del vicolo, nascosto in fondo.

"Grazie al cielo", dice Charles. "Siamo già in ritardo!" Entrano nel ristorante.

"Avete una prenotazione?" chiede il cameriere.

"Sì", dice Charles. "Siamo un po' in ritardo. Charles."

"Seguitemi", dice il cameriere. Seguono il cameriere. Camminano tra i tavoli con tovaglie bianche. Sono i primi commensali. Il ristorante è vuoto.

"È bellissimo", dice Dana. Si siedono al loro tavolo. **Sopra** ci sono dei fiori freschi. Il loro tavolo è **accanto** al fuoco. Un lampadario dorato pende dal soffitto.

"Cosa prendete?" chiede il cameriere.

"Il pollo con i funghi, e i maccheroni con foie gras e carciofi", dice Charles.

"Consiglio i maccheroni **prima** del pollo", dice il cameriere.

"Ok", dice Charles.

"Il pollo viene servito con un contorno di insalata", dice il cameriere.
"Perfetto", dice Charles. "E per favore ci porti dello champagne." Charles ammicca al cameriere.

"Perché gli hai fatto l'occhiolino?" chiede Dana.

"Non l'ho fatto apposta!" dice Charles.

Dana e Charles sono molto felici. Il ristorante è uno dei migliori di Parigi. Ha tre stelle Michelin. Il cameriere arriva **dietro** Charles con i maccheroni. Sono molto prelibati. Hanno del tartufo nero in cima. Sono d'accordo, sono i migliori maccheroni che abbiano mai mangiato.

Il cameriere avvicina un carrello al tavolo. Ha due bicchieri, una bottiglia di champagne, e una scatola nera.

Il cameriere apre il vino e lo versa per Charles e Dana. Lascia la scatola nera sul tavolo.
"Che cos'è?" chiede Dana.

"Dana, vuoi sposarmi?" chiede Charles. Solleva la parte superiore della scatola nera. **Sotto** c'è un enorme anello di diamanti. Lo mette al dito di Dana.

"Sì!" grida Dana.

Parigi è davvero la città dell'amore.

RIASSUNTO
Charles e Dana sono innamorati. Fanno un viaggio a Parigi per San Valentino. Si perdono alla ricerca del loro hotel. Non capiscono la metropolitana. Né Charles né Dana parlano francese. Charles riserva un pranzo speciale per San Valentino. Dana non può resistere ai negozi di Parigi. Hanno difficoltà a trovare il ristorante. Dana trova il ristorante in un vicolo. A pranzo, Charles ha una sorpresa segreta per Dana. Che cos'è? Un segno di vero amore. Un cameriere al ristorante porta l'anello con lo champagne. Charles chiede a Dana di sposarlo.

LISTA DI VOCABOLI

Di fronte	in front of
Sotto	beneath
Attraversare/attraverso	across
In	in
Sopra	above
Dentro/nel	into
Fuori	off
In tutto il mondo	Around the world
Dietro	behind
Passato	past
Sotto	down
Verso	toward
Lungo	along
Accanto /vicino	near
Attraverso	through
Da	from
Tra/fra	amongst
Dentro	within
A	at
In mezzo	between
Su	on
Prima	before
Con	with
Dietro	behind
Sotto	below

DOMANDE

1) Chi ha avuto l'idea di andare in vacanza a Parigi?

    a) Charles

    b) il padre di Charles

    c) l'agente di viaggio

    d) Dana

2) Qual è la prima cosa che Charles e Dana vedono a Parigi?

    a) il Louvre

    b) gli Champs-Élysées

    c) l'hotel

    d) la Torre Eiffel

3) Quale altra città al mondo ha una Torre Eiffel a grandezza naturale?

    a) New York

    b) Tokyo

    c) Dubai

    d) Hong Kong

4) Dana a Sen valentino, convince Charles a fare una cosa. Che cosa?

    a) a tornare a casa

    b) ad andare al museo

    c) a comprarle qualcosa da Hermes

    d) a smettere di bere

5) Come fa Charles a dare a Dana l'anello di fidanzamento?

    a) un cameriere lo porta al tavolo con lo champagne

    b) lo mette nel suo gelato

    c) lo prende dalla tasca

d) si inginocchia

RISPOSTE

1) Chi ha avuto l'idea di andare in vacanza a Parigi?
    a) Charles

2) Qual è la prima cosa che Charles e Dana vedono a Parigi?
    d) la Torre Eiffel

3) Quale altra città al mondo ha una Torre Eiffel a grandezza naturale?
    b) Tokyo

4) Dana a Sen valentino, convince Charles a fare una cosa. Che cosa?
    c) a comprarle qualcosa da Hermes

5) Come fa Charles a dare a Dana l'anello di fidanzamento?
    a) un cameriere lo porta fuori con lo champagne

Translation of the Story
Valentine's Day in Paris

STORY

Charles and Dana are boyfriend and girlfriend. They are in love. Charles wants to do something special for Valentine's Day. He invites Dana to Paris. Paris is called the city of love. Many people travel to Paris to spend romantic time with their partner. Maybe it is the movies, the food, the beautiful buildings? Paris always feels romantic.

The couple arrives to Paris on February 13. The plane lands. They are thrilled. Charles and Dana collect their baggage.

"Let's go to the hotel," says Charles.
"How?" asks Dana.

"We can take the train to the city center," says Charles. **In front of** the couple is a sign for the airport train. They follow the arrows, walking **beneath** them. They walk **across** the sky bridge, until they come to the entrance to the train. They go up to the ticket machine.

"Which ticket do we buy?" asks Dana. They both stare at the machine.

"I don't know," says Charles. "The hotel is **in** the 7th arrondissement." Charles guesses which ticket to buy. He buys it and they go to the train platform. **Above** the tracks, there is a sign. It tells where each train is going. A train approaches. The sign says 'centre-ville'. They get **into** the train.

When the train reaches the destination, they get **off** the train. They go up the metro stairs. They step outside. The Eiffel Tower stands **above** them.

"It's beautiful," says Dana.

"Yes, it's amazing," says Charles.

"I want to go **to** the top," says Dana.

"Did you know they paint the tower every seven years?" asks Charles. "With 50 tons of paint!"

"I didn't know that," says Dana. Charles tells her more about the Eiffel Tower. It was built in 1889. It is named after Gustave Eiffel, the architect in charge of the project. For 41 years, it was the tallest structure in the world. There are many replicas of the tower **around** the world. There is even a full-size replica in Tokyo.

"I love Paris," says Dana.

"Let's go to the hotel," says Charles. They walk to the nearby hotel. It is just **behind** the Eiffel Tower.

The next day is Valentine's Day. The couple has a special lunch planned. They go to the restaurant Epicure. It is one of the city's most romantic restaurants.

"Are you ready?" asks Charles.

"Yes," says Dana. "How do we get there?" They walk **out of** the hotel.

"It is just **past** the Champs-Élysées," says Charles. They walk **down** the street. They walk **toward** the river. It is a beautiful day. The sun is shining. Dana notices how beautiful the buildings are. They are all very old.

"We should have buildings like this in America," says Dana.

"They are older than America," says Charles. Charles and Dana walk **along** the river. They hold hands. Paris is a city for lovers.

Epicure is **near** the central shopping district. They pass shops like Louis Vuitton and Pierre Hermé. Dana stops to look in the windows. The restaurant is **next to** one of her favorite shops.

"Please can we go in," she says. When they go **through** the door of Hermes, Charles knows he is in trouble. Purses and scarves are everywhere. Dana goes crazy. She takes two scarves **from** a display. She grabs a bag from **amongst** a pile of purses.

"Please, Charles?" she asks him. "A little Paris souvenir?" Charles thinks. The three items cost the same as the airplane ticket to Paris. It is Valentine's Day, though. He says yes. Dana takes the scarves and the purse to the cash register. Charles pays with his credit card. They leave the shop. Dana is very content.

Charles and Dana continue down the street. They don't see Epicure.

"It is right here," says Charles.
"Right where?" asks Dana.
"Here," says Charles. "That is what Google maps says."

"I don't see it," says Dana.

Charles calls the restaurant on his cell phone. "Hello, we cannot find the restaurant," he says. He listens. The person speaks French. "Do you speak English? No?" The person hangs up.

"They don't speak English," says Charles.

"It has to be here," says Dana. She spots a small alley. She enters the alleyway and walks a bit.

"Here it is," she says. The restaurant is **within** the alleyway, hidden **at** the very end.

"Thank goodness," says Charles. "We are already late!" They enter the restaurant.

"Do you have a reservation?" asks the waiter.

"Yes," says Charles. "We are a bit late. Charles."

"Follow me," says the waiter. They follow the waiter. They walk between tables with white tablecloths. They are the first diners. The restaurant is empty.

"It's beautiful," says Dana. They sit at their table. It has fresh flowers **on** it. Their table is **beside** the fire. A golden chandelier hangs from the ceiling.

"What would you like?" asks the waiter.

"The chicken with mushrooms, and the macaroni with foie gras and artichoke," says Charles.

"I recommend the macaroni **before** the chicken," says the waiter.

"Ok," says Charles.

"The chicken is served with a side salad," says the waiter.

"Perfect," says Charles. "And please bring us some champagne." Charles winks at the waiter.

"Why did you wink at him?" asks Dana.

"I didn't mean to!" says Charles.
Dana and Charles are very happy. The restaurant is one of the best in Paris. It has three Michelin stars. The waiter comes up **behind** Charles with the macaroni. It is very rich. It has black truffle on top. They agree, it is the best macaroni they have ever had.

The waiter rolls a cart to the table. It has two glasses, a bottle of champagne, and a black box. The waiter opens the wine and pours it for Charles and Dana. He leaves the black box on the table.

"What's that?" asks Dana.

"Dana, will you marry me?" asks Charles. He lifts the top of the black box. **Below** is a huge diamond ring. He puts it on Dana's finger.

"Yes!" shouts Dana.
Paris really is the city of love.

Italian Short Stories for Beginners Book 5

Over 100 Dialogues and Daily Used Phrases to Learn Italian in Your Car. Have Fun & Grow Your Vocabulary, with Crazy Effective Language Learning Lessons

www.LearnLikeNatives.com

CHAPTER 13
New Roommates /
Common everyday objects + possession

STORIA

Oggi è giorno di trasferirsi all'università. Gli studenti del primo anno spostano le **loro** cose nel dormitorio.

Anna arriva all'università con i suoi genitori. La **sua** auto è carica di **scatoloni**. Anna porta con sé tutto ciò di cui ha bisogno per un anno di scuola. Parcheggiano al di fuori del dormitorio di Anna. L'edificio è un grande edificio in mattoni. Sembra noioso. Anna cerca di pensare positivo. Quest'anno sarà grandioso, si racconta.

La sua famiglia inizia a scaricare la macchina. Anna è molto preparata. Tirano fuori scatoloni pieni di cose sue. Suo fratello la aiuta a portare gli scatoloni fino alla stanza. La camera è piccola. Ci sono due letti. Anna avrà una coinquilina.

La prima scatola che Anna apre ha materiale scolastico. Mette i suoi **quaderni**, **matite** e **penne** sulla sua scrivania. La stanza non ha decorazioni, tranne che per una **televisione** sul muro. Anna organizza le sue cose nella stanza. Lei prende il suo **calendario** per appenderlo sul muro.

"Questo non è **mio**!" dice. È un calendario di belle donne.

"Questo è il **suo**", dice Anna, indicando suo fratello.

"Oh, scusa", dice suo fratello. Anna lo getta nel bidone della **spazzatura**. La famiglia ride.

Si sente bussare alla porta. Aprono la porta. Vedono una ragazza bionda. È con una donna più grande, sua madre.

"Ciao, sono Beatriz", dice la ragazza.

"Io sono Anna", dice Anna. "Immagino che siamo coinquiline!"

"Da dove vieni?" chiede Beatriz.
"Da qui vicino, solo un'ora a nord", dice Anna.

"Anch'io!" dice Beatriz.

Le ragazze si stringono la mano e sorridono. Beatriz porta i suoi scatoloni. Le famiglie aiutano le figlie a disfare i bagagli.

I primi giorni di scuola sono piacevoli. Anna si fa nuovi amici. Lei e Beatriz vanno d'accordo grande. Anna va alle sue nuove classi. Tutto è perfetto. Tranne una cosa. Alcuni degli effetti personali di Anna cominciano a scomparire. In primo luogo, non riesce a trovare il suo **pennello per il trucco**. Poi, il giorno dopo, guarda lo **specchio**. Vede la sua **crema** ma manca il suo **profumo**. Quando ritorna dalla lezione quella sera, mette un po' di musica. Non c'è nessun suono. Il suo **altoparlante** è andato!

Chiede a Beatriz. "Beatriz", dice. "Ti manca qualcosa?"

"Sì!" dice Beatriz. "Il mio computer portatile. Sto impazzendo."

"Oh no!" dice Anna. "Anche a me mancano alcune cose."

Anna ha perduto tre oggetti ora. Chiama sua madre sul suo **cellulare**.
"Ciao, mamma", dice Anna.

"Ciao, tesoro", dice sua madre. "Come va la scuola?"

"Bene", dice Anna. "Ma le mie cose continuano a sparire."

"Cosa vuoi dire?" chiede sua madre. Anna dice a sua madre del profumo mancante, l'altoparlante mancante, e il pennello da trucco mancante.

"È così strano", dice sua madre. "Li hai portati da qualche parte?"

"No, mamma," dice Anna. "Non ho mai lasciato la stanza. Il resto del **sistema stereo** è qui. Compreso il mio **lettore mp3**."

"Chiudi la porta a chiave?" chiede sua madre.

"Sì, mamma!" dice Anna. "Ed è solo il profumo che è andato. Ho ancora tutti gli altri **trucchi**, **rossetto**, tutto!"

"Pensi che possa essere Beatriz?" chiede sua madre.

"Impossibile, anche a lei mancano degli oggetti", dice Anna.

"Ok, vai a controllare gli oggetti smarriti", dice la mamma di Anna.

"Ok! Devo andare", dice Anna.

Anna riaggancia il telefono. L'idea di sua madre è buona. Anna va al piano di sotto verso l'ufficio dormitorio. Chiede di vedere la scatola degli oggetti smarriti. La scatola è piena. Ci guarda attraverso. Trova **quaderni**, una **videocamera**, e anche un **pettine**. Ma non vede le sue cose. Cerca meglio. Vede un computer portatile.

"È **tuo**?" chiede, pensando a Beatriz. Lo tira fuori. Lo è. Prende il computer per darlo a Beatriz. Almeno ha trovato qualcosa.

Va di sopra. Dà il computer a Beatriz.

"Wow, Anna, è il **mio** computer!" dice Beatriz. "Grazie mille."

"Non c'è di che," dice Anna. "Sono così felice di aver trovato il **tuo** computer."

"Anch'io", dice Beatriz. "Hai trovato le tue cose?"

"No", dice Anna.

"Che sfortuna" dice Beatriz. Le ragazze vanno a dormire.

Il giorno dopo, Beatriz ha lezione. Anna rimane nella stanza del dormitorio. Sta lavorando a un progetto, utilizzando le **forbici** per tagliare le immagini da incollare su una **cartella**. Pensa ai suoi oggetti mancanti. Forse dovrebbe guardare nella stanza del dormitorio. Guarda ovunque. Poi si gira verso l'armadio di Beatriz. Lo apre e ci guarda dentro.

"Questo è mio!" dice Anna. Tira fuori il pennello da trucco. È scioccata. Perché il suo pennello è nell'armadio di Beatriz? Guarda più da vicino. Sotto una pila di **vestiti**, sente qualcosa di duro. Lo tira fuori. È la sua boccetta di profumo! Quando guarda più da vicino, trova anche il suo altoparlante.

"E 'stata Beatriz per tutto il tempo," dice Anna. Il **telefono** della stanza squilla. Anna risponde. E 'la mamma di Beatriz.
"Ciao, Anna", dice la mamma di Beatriz. "Come stai?"

"Bene", dice Anna. "Beatriz non c'è."

"Puoi dirle che ho chiamato?" chiede la mamma di Beatriz.

"Sì, ma, posso parlarti di una cosa?" chiede Anna.

"Certo", dice la mamma di Beatriz.

"Alcune delle mie cose sono scomparse", dice Anna. "E ne ho appena trovate molte nell'armadio di tua figlia."

"Oh, no", dice la mamma di Beatriz. "Devo dirti una cosa."

"Cosa?" dice Anna.

"Beatriz è una cleptomane", dice sua madre. "Prende le cose degli altri e poi le restituisce esattamente sette giorni dopo. Ti restituirà quegli oggetti entro domani."

"Cosa devo fare?" chiede Anna.

"Aspetta che li restituisca", dice sua madre.

"Ok", dice Anna.

"Grazie per la comprensione", dice la mamma di Beatriz.

RIASSUNTO

Anna e Beatriz sono coinquiline. E 'il loro primo anno all'università. Ottengono la loro stanza nel dormitorio dell'istituito. I loro genitori le aiutano con i bagagli. Vanno d'accordo. Durante la prima settimana, molti degli oggetti di Anna spariscono. Non riesce a trovarli da nessuna parte. Anche a Beatriz mancano alcuni oggetti. Anna guarda ovunque. Guarda negli oggetti smarriti, dove trova il computer mancante di Beatriz. Quando Beatriz non c'è, Anna guarda nel suo armadio e lì trova tutti i suoi oggetti. Chiama la mamma di Beatriz. Che le dice che Beatriz è una cleptomane.

LISTA DI VOCABOLI

loro	their
suo	her
Scatoloni	boxes
Mio	mine
Blocco note	notepads
Matita	pencils
Penna	pens
Televisione	television
Calendario	calendar
Suo	his
Spazzatura	trash can
Pennello da trucco	brush
Specchio	mirror
Crema	lotion
Profumo	perfume
Altoparlante/ casa	speaker
Computer	computer
Cellulare	cell phone
Sistema stereo	stereo system
Trucco	makeup
Rossetto	lipstick
Cuaderno	notebook
Videocamera	video camera
Pettine	comb
Mio	my
Tuo	your
Tuo	your
Forbici	scissors
Vestiti	clothes
Teléfono	telephone

DOMANDE

1) Come si conoscono Beatriz e Anna?
    a) sono amiche da sempre
    b) si incontrano in classe
    c) sono coinquiline
    d) frequentano la stessa scuola elementare

2) Quale di questi articoli non è scomparso?
    a) pennello per il trucco
    b) profumo
    c) altoparlante
    d) specchio

3) Cosa suggerisce la mamma di Anna?
    a) che Anna torni a casa
    b) che Anna affronti Beatriz
    c) che Anna compri un nuovo pennello da trucco
    d) che Anna guardi tra oggetti smarriti

4) Cosa trova Anna negli oggetti smarriti?
    a) il suo pennello da trucco
    b) Il computer di Beatriz
    c) una felpa
    d) il suo profumo

5) Cos'è successo alle cose di Anna?
    a) Beatriz li ha presi e li ha messi nel suo armadio
    b) Anna li ha persi
    c) Anna li ha buttati via
    d) nulla

RISPOSTE

1) Come si conoscono Beatriz e Anna?
    c) sono coinquiline

2) Quale di questi articoli non è scomparso?
    d) specchio

3) Cosa suggerisce la mamma di Anna?
    d) che Anna guardi negli oggetti smarriti

4) Cosa trova Anna negli oggetti smarriti?
    b) Il computer di Beatriz

5) Cos'è successo alle cose di Anna?
    a) Beatriz li ha presi e li ha messi nel suo armadio

Translation of the Story
New Roommates

STORY

Today is move-in day at the university. First year students move **their** things into the dormitory.

Anna arrives to the university with her parents. **Her** car is loaded with **boxes**. Anna brings everything she needs for a year of school with her. They park outside of Anna's dormitory. The building is a big, brick building. It looks boring. Anna tries to think positive. This year will be great, she tells herself.

Her family begins to unload the car. Anna is very prepared. They take out boxes full of her things. Her brother helps her take the boxes up to the room. The room is small. There are two beds. Anna will have a roommate.

The first box Anna opens has school supplies. She puts her **notepads**, **pencils** and **pens** on her desk. The room has no decoration, except for a **television** on the wall. Anna organizes her things in the room. She takes her **calendar** out to put on the wall.

"This isn't **mine**!" she says. It is a calendar of pretty women.

"This is **his**," Anna says, pointing at her brother.

"Oh, sorry," says her brother. Anna throws it in the **trash can**. The family laughs.

There is a knock on the door. They open the door. A blonde girl stands outside. She is with an older woman, her mother.

"Hello, I'm Beatriz," says the girl.

"I'm Anna," says Anna. "I guess we are roommates!"

"Where are you from?" asks Beatriz.

"Nearby, just an hour north," says Anna.

"Me too!" says Beatriz.

The girls shake hands and smile. Beatriz brings her own boxes. The families help their daughters unpack.

The first days of school are nice. Anna makes new friends. She and Beatriz get along great. Anna goes to her new classes. Everything is perfect. However, one thing is wrong. Some of Anna's belongings begin to disappear. First, she can't find her **brush**. Then, the next day, she looks in the **mirror**. She sees her **lotion** but her **perfume** is missing. When she arrives from class that evening, she puts on some music. There is no sound. Her **speaker** is gone!

She asks Beatriz. "Beatriz," she says. "Are you missing anything?"

"Yes!" says Beatriz. "My laptop **computer**. I am freaking out."

"Oh no!" says Anna. "I am missing a few things, too." Anna is missing three things now. She calls her mother on her **cell phone**.

"Hi, mom," says Anna.

"Hi, honey," says her mom. "How is school?"

"Fine," says Anna. "But my belongings keep disappearing."

"What do you mean?" asks her mom. Anna tells her mom about the missing perfume, the missing speaker, and the missing brush.

"That is so strange," says her mom. "Did you take them somewhere?"

"No, mom," says Anna. "I never left the room. The rest of the **stereo system** is here. My **mp3 player,** too."

"Do you lock your door?" asks her mom.

"Yes, mom!" says Anna. "And it's just the perfume that is gone. I still have all the other **makeup**, **lipstick**, everything!"

"Do you think it could be Beatriz?" asks her mom.

"No way, she is missing stuff too," says Anna.

"Ok, go check the lost-and-found," says Anna's mom.

"Ok! Gotta go," says Anna.
Anna hangs up the phone. Her mom's idea is good. She goes downstairs to the dormitory office. She asks to see the lost-and-found box. The box is full. She looks through it. She finds **notebooks**, a **video camera**, and even a **comb**. But does not see her things. She looks more. She sees a laptop **computer**.

"Is that **yours**?" she asks, thinking of Beatriz. She pulls it out. It is. She takes the computer to give to Beatriz. At least she finds something.

She goes upstairs. She gives Beatriz the computer.

"Wow, Anna, it's **my** computer!" says Beatriz. "Thank you so much."

"You're welcome," says Anna. "So glad I found **your** computer."
"Me too," says Beatriz. "Did you find any of your things?"

"No," says Anna.

"Bummer," says Beatriz. The girls go to sleep.

The next day, Beatriz has class. Anna stays in the dorm room. She works on a project, using **scissors** to cut pictures to glue on a **folder**. She thinks about her missing items. Maybe she should look in the dorm room. She looks everywhere. Then she turns to Beatriz's closet. She opens it. She looks inside it.

"This is mine!" says Anna. She pulls out her brush. She is shocked. Why is her brush in Beatriz's closet? She looks closer. Under a stack of **clothes**, she feels something hard. She pulls it out. It is her bottle of perfume! When she looks closer, she finds her speaker, too.

"It was Beatriz the whole time," says Anna. The room **telephone** rings. Anna answers. It is Beatriz's mom.

"Hi, Anna," says Beatriz's mom. "How are you?"

"Fine," says Anna. "Beatriz isn't here."

"Can you tell her I called?" asks Beatriz's mom.

"Yes, but, can I talk to you about something?" asks Anna.

"Sure," says Beatriz's mom.
"Some of my things have gone missing," says Anna. "And I just found many of them in **your** daughter's closet."

"Oh, no," says Beatriz's mom. "I need to tell you something."

"What?" says Anna.

"Beatriz is a kleptomaniac," says her mom. "She takes things and then returns them exactly seven days later. She will return those items to you by tomorrow."

"What do I do?" asks Anna.

"Just wait for her to return them," says her mom.

"Okay," says Anna.
"Thank you for understanding," says Beatriz's mom.

CHAPTER 14
A Day in the Life / transition words

STORIA

Bey si sveglia in una stanza d'albergo. È stanca. Il suo corpo è stanco, **ma** la sua mente è più stanca. Si sente sola. I suoi amici e la sua famiglia non capiscono cosa vuol dire essere famosi. Ride. Vogliono diventare famosi. Vogliono trascorrere una giornata nella sua vita. La gente pensa che le celebrità si divertano tutto il giorno. Pensano che le celebrità abbiano tutto ciò che vogliono. **Tuttavia**, Bey sa che questo non è vero.

Perché la gente vuole essere famosa? pensa Bey. Si fa un caffè. I media la mostrano come un successo. La gente vuole il successo. Vogliono una vita perfetta. **Di conseguenza**, cercano di diventare famosi. Sa che la vita non è perfetta.

L'orologio dice che sono le sette. La sua giornata è piena. **Perciò** deve svegliarsi presto. Alcune persone pensano che le celebrità dormano fino a tardi. Ha molto da fare. Non c'è tempo per dormire fino a tardi. Sente il campanello.

"Ciao", dice Bey.

"Ciao, Bey", dicono le tre donne. Una donna è la sua stilista. Un'altra donna è la sua truccatrice. **Infine**, entra il parrucchiere. Apre la porta. Entrano. Cominciano a lavorare.

"Quale maglietta?" dice lo stilista.

"Di che colore è il rossetto?" chiede il truccatore.

"Perché hai dormito con i capelli così?" chiede il parrucchiere.

Il caffè di Bey è freddo. Si prepara un altro caffè. **Poi**, lei risponde a tutte le domande. Loro la aiutano. **Infine**, è pronta.

Lascia l'hotel alle 10 del mattino. Ci sono molte persone fuori. La aspettano. Quando esce, urlano. Scattano foto. Bey entra in una macchina. L'auto ha i finestrini scuri. Nessuno ci vede. Perciò può fare quello che vuole. Si rilassa. Il suo telefono squilla.
"pronto?" risponde.

"Bey, dove sei?" chiede il suo manager.

"In macchina", dice.

"Sei in ritardo!" dice il manager.

"Mi dispiace," ha detto Bey. Ha lezione di danza, lezioni di canto, e un servizio fotografico. Una giornata impegnativa. Il suo manager detta la sua giornata. Le dice cosa fare. Le dice quando andare. Si sente bloccata. Deve lavorare per rimanere famosa. Non può prendere una vacanza.

La macchina si ferma. **Prima**, Bey ha un servizio fotografico. E 'per una rivista. Una ragazza sistema il trucco di Bey. Lei è una sua fan. Sorride.

"Come stai?" chiede.

"Bene", dice Bey.

"Sono un tua fan", dice.

"Grazie", dice Bey.

"Canto anch'io", dice la ragazza. Trucca la faccia di Bey.

"Davvero?" chiede Bey. Si annoia.
"Sì. Voglio essere famosa!" dice la ragazza.

"Essere famosi porta a un sacco di lavoro!" dice Bey.

"Non mi importa!" disse la ragazza.

"Cosa fai stasera?" chiede Bey.

"Cena con il mio ragazzo, una passeggiata nel parco, magari visitiamo un museo", dice la ragazza.

"Devo lavorare, un concerto," dice Bey. "**Infatti**, Ne ho uno ogni sera. Non posso uscire al parco **perché** la gente mi riconosce. Non mi lasciano in pace."
"Oh", dice la ragazza. Finisce il trucco.

"**Per esempio**, non riesco a ricordare una visita ad un museo", dice Bey. Lei ha finito. Fa il servizio fotografico.

Il suo vestito è stupendo. È bella e felice. Saluta e sale in macchina.

Adesso, Bey ha lezione di danza. Si esercita in una sala di danza. Il suo insegnante è un professionista. Si esercitano per il concerto. Il concerto di stasera è in uno stadio di New York. Dimentica i passi per la sua canzone più famosa. Si allena per due ore. **Senza dubbio**, conosce i passi.

Terzo, Bey ha lezioni di canto. Cantanti famosi hanno bisogno di lezioni. Le lezioni di canto li aiutano a cantare più facilmente. Questo è importante. **Dopo tutto**, cantare un concerto ogni sera è difficile.

Dopo la lezione di canto, mangia il suo pranzo. Il suo assistente glielo porta. Anche se è veloce, è sano. Ha un frullato e un'insalata. Presto dovrà prepararsi per il concerto.

Controlla il suo telefono. Bey ha un altro assistente. Questo assistente si occupa dei social media. Lei mette le foto su Instagram e Facebook. **Ma alla fine**, Bey ama controllare con i suoi occhi La sua nuova foto ha 1.000.000 di mi piace. Non male, pensa. Ha anche molti commenti. Alcuni sono cattivi, così Bey spegne il telefono. Cerca di essere positiva.

In macchina, Bey chiama i suoi amici. Parla con sua madre. Parla in macchina **poiché** non ha molto tempo. È stanca. Ha mal di testa. Forse può dormire. Guarda il telefono. È troppo tardi per dormire.

Mentre Bey si prepara, i fan aspettano. Fanno una fila fuori. Sono eccitati. Hanno pagato un sacco di soldi per i biglietti.

Ore le fa male la gola. Beve del tè caldo. **Se** lei non canta, i fan saranno dispiaciuti. Guarda il suo telefono. Ha una foto salvata per questi momenti. È una lettera.

"Cara Bey", dice.

"Tu sei la mia cantante preferita. Penso che tu sia incredibile. Voglio essere proprio come te quando cresco. Con affetto, Susy." È da un fan di 7 anni. Bey si ricorda di lei. Sorride. Ci sono centinaia di ragazze come Susy al concerto. **Per questo motivo**, si esibisce.

Alla fine, il concerto finisce.

Sempre più fan chiedono l'autografo di Bey. Sorridono. Scattano foto sul loro telefono. Lei immagina le loro vite. Vanno alle feste. Vedono gli amici. Vanno ai ristoranti. **In ogni caso**, hanno la libertà. Lei è gelosa. **Pur** non essendo famosi, hanno una vita migliore.

Pensa alla ragazza del trucco di oggi. Si chiede, che cosa sta facendo ora? Bey pensa che forse smetterà di cantare.

All'improvviso, il suo telefono emette un suono.
È un promemoria per andare a letto. Domani è un altro giorno impegnativo.

RIASSUNTO

Bey è una celebrità. È una famosa cantante pop. La gente è gelosa della sua vita. Tuttavia, non è facile. La sua giornata inizia presto. I suoi tre assistenti vengono all'hotel. La preparano. Poi, ha una giornata impegnativa. Va a un servizio fotografico. La ragazza del trucco vuole essere famosa. Bey dice che non è così bello come pensa. Bey fa lezione di danza e di canto. Poi si prepara per il suo concerto. Ha mal di gola. Tuttavia, si esibisce per i suoi molti fan. Scatta foto e firma autografi. Si sente gelosa della vita normale dei suoi fan.

LISTA DI VOCABOLI

Ma	but
Comunque	however
Come risultato	as a result
Perciò	therefore
Infine	lastly
Poi	then
Allá fine	finally
Prima	first
Infatti	in fact
Perché	because
Per esempio	for example
Adesso	Now
Senza dubio	without a doubt
Dopo tutto	after all
Anche se	even though
Allá fine	ultimately
Così che	so
Poichè	since
Mentre	while
Se	if
Per questo motivo	for this reason
Eventualmente	Eventually.
In ogni caso	either way
Pur	despite
All'improvviso	all of a sudden

DOMANDE

1) Quale persona non è presente all'hotel di Bey?
    a) una truccatrice
    b) uno stilista
    c) un ammiratore
    d) un parrucchiere

2) Perché il manager di Bey la chiama?
    a) per chiedere dove si trova
    b) per licenziarla
    c) per congratularsi con lei
    d) per chiederle come sta

3) Che lavoro fa Bey?
    a) la ballerina
    b) è una pop star
    c) è una conduttrice di talk show
    d) è una fotografa

4) Cosa fa Bey per cantare meglio?
    a) beve del tè
    b) frequenta lezioni di canto
    c) prega
    d) incrocia le dita

5) Cosa significa il suono del telefono alla fine della storia?
    a) qualcuno sta chiamando
    b) è il momento di prendere la medicina
    c) una notifica da Instagram
    d) è ora di andare a letto

RISPOSTE

1) Quale persona non viene all'hotel di Bey?
    c) un ammiratore

2) Perché il manager di Bey la chiama?
    a) per chiederle dove si trova

3) Che lavoro fa Bey?
    b) è una pop star

4) Cosa fa Bey per cantare meglio?
    b) frequenta lezioni di canto

5) Cosa significa il suono del telefono alla fine della storia?
    d) è ora di andare a letto

Translation of the Story
A Day in the Life

STORY

Bey wakes up in a hotel room. She is tired. Her body is tired, **but** her mind is more tired. She feels alone. Her friends and family don't understand what it is like to be famous. She laughs. They want to be famous. They want to spend a day in her life. People think celebrities have fun all day. They think celebrities get anything they want. **However,** Bey knows this is not true.

Why do people want to be famous? Bey thinks. She makes a coffee. The media shows her as success. People want success. They want a perfect life. **As a result,** they try to become famous. She knows life is not perfect.
The clock says seven o'clock. Her day is busy. **Therefore**, she has to wake up early. Some people think celebrities sleep late. She has a lot to do. There is no time to sleep late. She hears the doorbell.

"Hello," says Bey.

"Hi, Bey," say the three women. One woman is her stylist. Another woman is her makeup artist. **Lastly**, the hairdresser enters. She opens the door. They go inside. They begin to work.

"Which shirt?" says the stylist.

"Which color of lipstick?" asks the makeup artist.

"Why did you sleep with your hair like that?" asks the hairdresser.

Bey's coffee is cold. She makes another coffee. **Then**, she answers all the questions. They help her. **Finally,** she is ready.

She leaves the hotel at 10 a.m. There are many people outside. They wait for her. When she goes out, they scream. They take pictures. Bey gets in a car. The car has dark windows. No one can see in. **Therefore,** she can do what she wants. She relaxes. Her phone rings.

"Hello?" she says.

"Bey, where are you?" asks her manager.

"In the car," she says.

"You're late!" says the manager.
"Sorry," said Bey. She has dance practice, voice lessons, and a photo shoot. A busy day. Her manager keeps her schedule. He tells her what to do. He tells her when to go. She feels stuck. She must work to stay famous. She can't take a vacation.

The car stops. **First**, Bey has a photo shoot. It is for a magazine. A girl puts makeup on Bey. She is a fan. She smiles.

"How are you?" she asks.

"Fine," says Bey.

"I am your fan," she says.

"Thank you," says Bey.
"I sing, too," the girl says. She powders Bey's face.

"Really?" asks Bey. She is bored.

"Yes. I want to be famous!" says the girl.

"Being famous is a lot of work!" says Bey.

"I don't care!" says the girl.

"What are you doing tonight?" asks Bey.

"Dinner with my boyfriend, a walk in the park, maybe visit a museum," says the girl.

"I have work, a concert," says Bey. "**In fact,** I have one every night. I can't go out to the park **because** people recognize me. They don't leave me alone."

"Oh," says the girl. She finishes the makeup.

"**For example**, I can't remember a visit to a museum," says Bey. She is finished. She takes her pictures. Her dress is glamorous. She looks beautiful and happy. She says goodbye and gets in the car.

Second, Bey has dance practice. She practices in a dance studio. Her teacher is professional. They practice for the concert. Tonight's concert is in a stadium in New York City. She forgets the dance for her most famous song. She practices for two hours. **Without a doubt**, she knows the dance.

Third, Bey has voice lessons. Famous singers need lessons. Voice lessons help them sing easily. This is important. **After all,** singing a concert every night is difficult.

After voice, she eats lunch. Her assistant brings it to her. Even though it is quick, it is healthy. She has a smoothie and a salad. Soon she must prepare for the concert.

She checks her phone. Bey has another assistant. This assistant does social media. She puts pictures on Instagram and Facebook. **Ultimately**, Bey likes to see for herself. Her new picture has 1,000,000 likes. Not bad, she thinks. It also has many comments. Some are mean, **so** Bey turns off her phone. She tries to be positive.

In the car, Bey calls her friends. She talks to her mother. She talks in the car **since** she doesn't have much time. She is tired. She has a headache. Maybe she can nap. She looks at her phone. It is too late to nap.

While Bey gets ready, fans wait. They make a line outside. They are excited. They paid a lot of money for the tickets.

Now her throat hurts. She drinks warm tea. **If** she can't sing, the fans will be sad. She looks at her phone. She has a picture saved for these moments. It is a letter.

"Dear Bey," it says.

"You are my favorite singer. I think you are amazing. I want to be just like you when I grow up. Love, Susy." It is from a 7-year-old fan. Bey remembers her. She smiles. There are hundreds of girls like Susy at the concert. **For this reason,** she performs.

Eventually, the concert ends.

More and more fans ask for Bey's autograph. They smile. They take pictures on their phone. She imagines their lives. They go to parties. They see friends. They go to restaurants. **Either way**, they have freedom. She is jealous. **Despite** not being famous, they have better lives.

She thinks of the makeup girl from today. She wonders, what is she doing now? Bey thinks maybe she will quit.

All of a sudden, her phone makes a sound.

It is a reminder to go to bed. Tomorrow is another busy day.

CHAPTER 15
The Camino Inspiration / Numbers + Family

Molly ama le avventure.

È la persona più coraggiosa della sua **famiglia**, anche più coraggiosa dei suoi **due fratelli.** Va spesso in campeggio nel bosco con la sua famiglia. Questo fine settimana vanno insieme in montagna. La luna splende e gli uccelli e gli animali sono tranquilli. Molly si siede con i suoi fratelli e sua **sorella** vicino al fuoco, parlando e giocando. Vedono un pipistrello volare sopra le loro teste.

"Ewww!" grida la sorella di Molly.
"Un pipistrello!" urla **uno** dei fratelli di Molly.

Poi, altri **tre** pipistrelli volano sopra le loro teste.

"Ahhh! chiamiamo **mamma** e **papà**!" grida l'altro fratello, John.

"È solo un pipistrello", dice Molly.

Arrivano altri pipistrelli, fino a quando ce ne sono **otto** che volano sopra le loro teste. La sorella e i fratelli di Molly si rifugiano nelle loro tende, spaventati a morte. Molly non si muove. Lei guarda come i pipistrelli volano in cerchio, ora **diciannove**, no, **venti**!

"Ciao, Molly", dice sua **madre**, camminando dietro suo **padre** verso il fuoco.

"Wow, ci sono sicuramente un sacco di pipistrelli intorno a questi boschi," dice suo padre. "Non hai paura?"

Molly scuote la testa negando, e guarda i pipistrelli volare nel cielo stellato della notte.

"Andiamo a cena!" dice. I suoi fratelli e sua sorella escono dalle loro tende. La famiglia mangia vicino al fuoco. Amano fare campeggio insieme.

Molly ha **ventidue** anni. Si è appena laureata al college, dove ha studiato ingegneria. Non ha trovato lavoro in un ufficio, quindi lavora nel suo negozio all'aperto. Risparmia il suo stipendio e parla del suo hobby preferito tutto il giorno: il campeggio.

Ogni sabato, Molly lavora al **secondo** piano, con tutte le tende, gli zaini e le provviste per il campeggio. Questo sabato, entra suo **cugino**.

"Ciao, Jim!" dice Molly, con un sorriso felice su suo viso.

"Molly! Dimenticavo che lavori qui", dice Jim, il figlio **trentenne** della **zia** di Molly.

"Come stanno zia Jane e **zio** Joe?" chiede Molly.

"Stanno bene. Questo fine settimana stanno visitando **nonna** Gloria a casa sua," dice Jim. "Sono qui per comprare alcuni oggetti da esterno per un viaggio."

"Oh, certo! Posso aiutarti. Cosa c'è sulla tua lista?" chiede Molly.

Jim mostra a Molly un pezzo di carta con una lista di **quindici** articoli. Uno zaino leggero, una stufa portatile, **quattro** paia di calzini caldi, bastoni da trekking, il sapone magico del Dr. Bronner, un coltellino da tasca e **diciotto** pasti da viaggio disidratati.

Wow, sembra un bel viaggio, pensa Molly.

"Dammi lo zaino più leggero che hai," dice Jim. "la versione più leggera di ogni oggetto, in realtà. Devo tenere il mio zaino sotto i **ventotto** chili."

"Per cosa stai comprando tutto questo?" chiede Molly, camminando con Jim verso una parete pieno di zaini di tutti i colori, grandi e piccoli.

"Farò un'escursione", dice Jim. "Attraverso la Spagna."

Jim prova i diversi zaini. Sceglie il preferito di Molly, uno zaino rosso con **sette** tasche, quattro sul retro e tre all'interno. Lo zaino è così leggero, che pesa appena un **chilo e mezzo**. Lo indossa sulle spalle mentre segue Molly nella sezione abbigliamento.

"Si chiama il Cammino di Santiago," dice Jim a Molly. Suo cugino le racconta dell'escursione. È un pellegrinaggio alla Cattedrale di Santiago de Compostela in Galizia. Si dice che San Giacomo sia sepolto nella chiesa.

Jim inizierà l'escursione a piedi, dal punto di partenza comune della Via Francese, Saint-Jean-Pied-de-Port. Da lì, sono circa **cinquecento** miglia fino a Santiago. Il pellegrinaggio è stato popolare fin dal Medioevo. Criminali e altre persone percorrevano il mammino in cambio di benedizioni. Al giorno d'oggi, la maggior parte delle persone viaggia a piedi. Alcune persone viaggiano in bicicletta. Alcuni pellegrini viaggiano anche a cavallo o su un asino. Il pellegrinaggio era religioso, ma ora molti lo fanno per viaggi o sport.

"Ho bisogno di viaggiare," dice Jim. "Ho bisogno di tempo per pensare e riflettere. Camminare 500 miglia può essere molto spirituale."

Molly aiuta Jim a trovare una giacca impermeabile e un paio di pantaloni che possono trasformarsi in pantaloncini. Sembra molto felice con la sua grande quantità di oggetti. Ha molto più cose nelle sue mani rispetto agli altri acquirenti. Farà un vero e proprio viaggio.

"Sono **trecentoquarantasette** dollari e **sessantasei** centesimi", dice Molly.

"Grazie, Molly", dice Jim.

Molly comincia a pensare. Vive a casa con i suoi **genitori**. Sua madre lavora come giudice nel tribunale locale e suo padre è un avvocato. Entrambi sono raramente a casa per cena. Rimangono occupati in ufficio fino a tardi. I suoi **fratelli** vivono con le loro famiglie a Seattle, a tre ore di distanza. È sola, senza un vero lavoro. Non ha nessuno che la fermi.

Sarà la vacanza perfetta. E forse deciderà cosa fare del resto della sua vita.

Perché no?

Quel giorno, Mollly decide che farà il Cammino di Santiago. A partire da settembre, tra tre mesi. Da sola.

RIASSUNTO
Una giovane donna di nome Molly ama l'aria aperta. Lei e la sua famiglia fanno spesso campeggio insieme. Lei lavora in un negozio all'aperto, mentre cerca un lavoro post l'università. Suo cugino Jim visita per prepararsi per un viaggio. Sta andando a fare un'escursione al Camino de Santiago e ha bisogno di rifornimenti. Molly lo aiuta a comprare uno zaino, scarpe e tutto il resto di cui ha bisogno. Alla fine, decide di andare lei stessa a fare il Camino.

LISTA DI VOCABOLI

Famiglia	family
Due	two
Fratello	brother
Sorella	sister
Uno/una	one
Tre	three
Mamma	mom
Papá	dad
Otto	eight
Diciannove	nineteen
Venti	twenty

Madre	mother
Padre	father
Ventidue	twenty-two
secondo	second
Primo/ Prima	cousin
Trenta	thirty
Figlio	son
Zia	aunt
Zio	uncle
Nonna	grandma
Quindici	fifteen
Quattro	four
Diciotto	eighteen
Ventotto	twenty-eight
Sette	seven
Due e mezzo	two-and-a-half
Cinquecento	five hundred
Trecento	three hundred
Quarantasetta	forty-seven
Sessantasei	sixty-six
Genitori	parents
Fratelli	siblings

DOMANDE

1) Cosa ha studiato Molly all'università?
    a) cosmetica
    b) letteratura
    c) ingegneria
    d) marketing

2) Quanti fratelli ha Molly?
    a) uno
    b) due
    c) tre
    d) quattro

3) In che modo Jim è imparentato con Molly?
    a) è il fratello di Molly
    b) è il cugino di Molly
    c) è il nonno di Molly
    d) è il papà di Molly

4) Che cos'è il Cammino di Santiago?
    a) un pellegrinaggio
    b) una città
    c) una chiesa
    d) una vacanza

5) Da dove viene Molly?
    a) negli Stati Uniti
    b) in Inghilterra
    c) in Australia
    d) in Francia

RISPOSTE

1) Cosa ha studiato Molly all'università?
　　c) ingegneria

2) Quanti fratelli ha Molly?
　　c) tre

3) In che modo Jim è imparentato con Molly?
　　b) è il cugino di Molly

4) Che cos'è il Cammino di Santiago?
　　a) un pellegrinaggio

5) Da dove viene Molly?
　　a) negli Stati Uniti

Translation of the Story
The Camino Inspiration

Molly loves adventures.

She is the bravest member of her **family**, even braver than her **two brothers**. She often goes camping with her family in the woods. This weekend, they go to the mountain together. The moon shines and the birds and animals are quiet. Molly sits with her brothers and her **sister** by the fire, talking and playing. They see a bat fly over their heads.

"Ewww!" shouts Molly's sister.

"A bat!" yells **one** of Molly's brothers.
Then, **three** more bats fly over their heads.

"Ahhh! Let's get **mom** and **dad**!" shouts the other brother, John.

"It's only a bat," says Molly.

More bats arrive, until there are **eight** flying overhead. Molly's sister and brothers disappear into their tents, scared out of their wits. Molly does not move. She watches as the bats circled, now **nineteen**, no, **twenty**!

"Hi, Molly," says her **mother**, walking up behind her **father** to the campfire.

"Wow, there sure are a lot of bats around these woods," says her dad. "Aren't you scared?"
Molly shook her head no, and watched the bats fly off into the starry night sky.

"Let's eat dinner!" she said. Her brothers and sister come out of their tents. The family eats by the fire. They love to camp together.

Molly is **twenty-two**. She just graduated from college, where she studied engineering. She has not found a job in an office, so she works at her local outdoor store. She saves her paycheck and gets to talk about her favorite hobby all day: camping.

Every Saturday, Molly works on the **second** floor, with all of the tents, backpacks, and camping supplies. This Saturday, in walks her **cousin**.

"Hi, Jim!" says Molly, a happy smile on her face.
"Molly! I forgot you work here," says Jim, the **thirty**-year-old **son** of Molly's **aunt** Jane.

"How are Aunt Jane and **Uncle** Joe?" asks Molly.

"They're good. This weekend they are visiting **Grandma** Gloria at her house," says Jim. "I'm here to buy some outdoor goods for a trip."

"Oh, sure! I can help you. What is on your list?" Molly asks.

Jim shows Molly a piece of paper with a list of **fifteen** items. A light backpack, a portable stove, **four** pairs of warm socks, hiking poles, Dr. Bronner's magic soap, a pocket knife, and **eighteen** dehydrated trail meals.

Wow, this sounds like quite a trip, thinks Molly.
"Gimme the lightest backpack you have," says Jim. "The lightest everything, actually. I have to keep my pack under **twenty-eight** pounds."

"What are you buying all of this for?" asks Molly, walking with Jim over to a wall filled with backpacks of all colors, large and small.

"I'm going to hike," says Jim. "Across Spain."

Jim tries on the different backpacks. He chooses Molly's favorite, a red backpack with **seven** pockets, four on the back and three inside. The pack is so light, it hardly weighs **two-and-a-half** pounds. He wears it on his shoulders as he follows Molly to the clothing section.

"It's called the Camino de Santiago," Jim tells Molly. Her cousin tells her about the hike. It is a pilgrimage to the Cathedral of Santiago de Compostela in Galicia. People say that Saint James is buried in the church.

Uncle Jim will be walking the hike from the common starting point of the French Way, Saint-Jean-Pied-de-Port. From there, it is about **five hundred** miles to Santiago. The pilgrimage has been popular since the Middle Ages. Criminals and other people walked the way in exchange for blessings. Nowadays, most travel by foot. Some people travel by bicycle. A few pilgrims even travel on a horse or donkey. The pilgrimage was religious, but now many do it for travel or sport.

"I need to travel," says Jim. "I need time to think and reflect. Walking 500 miles can be very spiritual."

Molly helps Jim find a waterproof jacket and a pair of pants that can unzip to be shorts. He seems very happy with his large bag of things. He has much more in his hands than the other shoppers. He is going on a real trip.

"That will be **three hundred forty-seven** dollars and **sixty-six** cents," says Molly.

"Thanks, Molly," says Jim.

Molly begins to think. She lives at home with her **parents**. Her mother works as a judge in the local courthouse and her father is a lawyer. They are both rarely home for dinner. They stay busy at the office until late. Her **siblings** live with their families in Seattle, three hours away. She is alone, with no real job. She has no one to stop her.

It will be the perfect vacation. And maybe she will decide what to do with the rest of her life.

Why not?

That day, Mollly decides that she will do the Camino de Santiago. Starting in September, three months from now. Alone.

CONCLUSION

You did it!

You finished a whole book in a brand new language. That in and of itself is quite the accomplishment, isn't it?

Congratulate yourself on time well spent and a job well done. Now that you've finished the book, you have familiarized yourself with over 500 new vocabulary words, comprehended the heart of 3 short stories, and listened to loads of dialogue unfold, all without going anywhere!

Charlemagne said "To have another language is to possess a second soul." After immersing yourself in this book, you are broadening your horizons and opening a whole new path for yourself.

Have you thought about how much you know now that you did not know before? You've learned everything from how to greet and how to express your emotions to basics like colors and place words. You can tell time and ask question. All without opening a schoolbook. Instead, you've cruised through fun, interesting stories and possibly listened to them as well.

Perhaps before you weren't able to distinguish meaning when you listened to Italian. If you used the audiobook, we bet you can now pick out meanings and words when you hear someone speaking. Regardless, we are sure you have taken an important step to being more fluent. You are well on your way!

Best of all, you have made the essential step of distinguishing in your mind the idea that most often hinders people studying a new language. By approaching Italian through our short stories and dialogs, instead of formal lessons with just grammar and vocabulary, you are no longer in the 'learning' mindset. Your approach is much more similar to an osmosis, focused on speaking and using the language, which is the end goal, after all!

So, what's next?

This is just the first of five books, all packed full of short stories and dialogs, covering essential, everyday Italian that will ensure you master the basics. You can find the rest of the books in the series, as well as a whole host of other resources, at LearnLikeNatives.com. Simply add the book to your library to take the next step in your language learning journey. If you are ever in need of new ideas or direction, refer to our 'Speak Like a Native' eBook, available to you for free at LearnLikeNatives.com, which clearly outlines practical steps you can take to continue learning any language you choose.

We also encourage you to get out into the real world and practice your Italian. You have a leg up on most beginners, after all—instead of pure textbook learning, you have been absorbing the sound and soul of the language. Do not underestimate the foundation you have built reviewing the chapters of this book. Remember, no one feels 100% confident when they speak with a native speaker in another language.

One of the coolest things about being human is connecting with others. Communicating with someone in their own language is a wonderful gift. Knowing the language turns you into a local and opens up your world. You will see the reward of learning languages for many years to come, so keep that practice up!. Don't let your fears stop you from taking the chance to use your Italian. Just give it a try, and remember that you will make mistakes. However, these mistakes will teach you so much, so view every single one as a small victory! Learning is growth.

Don't let the quest for learning end here! There is so much you can do to continue the learning process in an organic way, like you did with this book. Add another book from Learn Like a Native to your library. Listen to Italian talk radio. Watch some of the great Italian films. Put on the latest CD from Pavarotti. Take cooking lessons in Italian. Whatever you do, don't stop because every little step you take counts towards learning a new language, culture, and way of communicating.

www.LearnLikeNatives.com

Learn Like a Native is a revolutionary **language education brand** that is taking the linguistic world by storm. Forget boring grammar books that never get you anywhere, Learn Like a Native teaches you languages in a fast and fun way that actually works!

As an international, multichannel, language learning platform, we provide **books, audio guides and eBooks** so that you can acquire the knowledge you need, swiftly and easily.

Our **subject-based learning**, structured around real-world scenarios, builds your conversational muscle and ensures you learn the content most relevant to your requirements.
Discover our tools at *LearnLikeNatives.com*.

When it comes to learning languages, we've got you covered!

www.ingramcontent.com/pod-product-compliance
Lightning Source LLC
Chambersburg PA
CBHW071730080526
44588CB00013B/1972